Das Buch

Zu zwölf Gängen durch den Garten lädt Jürgen Dahl ein und hat für den, der der Einladung folgt, viel Nützliches, Nachahmenswertes und Nachdenkliches zu bieten. Er fordert auf zum rechten Hinschauen und Staunen und macht auf viele kleine Wunder aufmerksam, an denen man meist achtlos vorübergeht. Dabei redet Dahl nicht einer kurzsichtigen Öko-Ideologie vom Einfach-wachsen-Lassen das Wort. Er weiß, daß der Mensch als Bauer und Gärtner schon immer in die Natur eingegriffen hat, es kommt nur darauf an, mit wieviel Verantwortungsgefühl er das tut. Außer den gärtnerischen weiß Dahl auch manch überraschende Tips für die Verwendung der Gartenprodukte in Küche und Haus zu geben, wie zum Beispiel für die Zubereitung eines Salats aus den Blütenblättern der Dahlie oder für eine Methode, den Rosenduft zu konservieren. Mit all seinen Anregungen ermutigt Dahl den Gartenfreund zum weiteren Nachdenken, zum Überprüfen alter Regeln und zum Experimentieren.

Der Autor

Jürgen Dahl, geboren am 18. Oktober 1929, Buchhändler und Journalist, seit 1974 Mitherausgeber der Zeitschrift ›Scheidewege‹. Neben zahlreichen Beiträgen in Zeitungen, Zeitschriften und im Rundfunk veröffentlichte er eine Reihe von Büchern, u. a.: ›Der unbegreifliche Garten und seine Verwüstung‹ (1984), ›Nachrichten aus dem Garten‹ (1985), ›Wildpflanzen im Garten‹ (1985), ›Neue Nachrichten aus dem Garten‹ (1987), ›Die Verwegenheit der Ahnungslosen‹ (1989).

Jürgen Dahl:
Zeit im Garten
Zwölf Gänge durch den Garten
am Lindenhof und anderswo

Mit 27 Schwarzweißabbildungen

Deutscher
Taschenbuch
Verlag

Von Jürgen Dahl
ist im Deutschen Taschenbuch Verlag erschienen:
Nachrichten aus dem Garten (30077)

Im Text ungekürzte Ausgabe
Januar 1994
Deutscher Taschenbuch Verlag GmbH & Co. KG,
München
© 1991 Hoffmann und Campe Verlag, Hamburg
ISBN 3-455-08393-5
Umschlaggestaltung: Reinhild Hofmann
Umschlagfoto Rückseite: Dorothee Dahl, Münster
Gesamtherstellung: C. H. Beck'sche Buchdruckerei,
Nördlingen
Printed in Germany · ISBN 3-423-30391-3

Inhalt

Einladung 7
Erster Gang 9
Zweiter Gang 17
Dritter Gang 27
Vierter Gang 35
Fünfter Gang 43
Sechster Gang 52
Siebter Gang 61
Achter Gang 69
Neunter Gang 81
Zehnter Gang 87
Elfter Gang 98
Zwölfter Gang 107

Im Text erwähnte Bücher 115
Bezugsquellen für Pflanzen und Samen 115
Abbildungsnachweis 116
Register 117

Einladung

Zu Gartengängen wird hier eingeladen, und daß heißt auch: zum genauen Hinsehen, zum weiteren Nachdenken, zur Überprüfung alter Regeln und Gewohnheiten, zum Experimentieren und zum Fragen. Der Gärtner, der hier schreibt, ist kein Besserwisser und Bessermacher, aber von dem, was er weiß und macht, möchte er erzählen.

Erzählen ist etwas anderes als systematische Unterweisung, und so ist auf den zwölf Garten-Gängen ganz Verschiedenes, Unzusammengehöriges zu erfahren; die einzige Ordnung besteht darin, daß die Gänge sich lose in den Gang der Jahreszeiten (nicht der zwölf Monate!) einfügen.

Vielen habe ich zu danken für Hilfen und für Ermunterung, für Belehrung und Kritik. Mit Namen nenne ich hier nur Günter Diamant, der seit nun zwanzig Jahren mit Kopf *und* Hand an meinen Gärten und also auch an diesem Buch mitgearbeitet hat, ferner Benedikt Erenz und Aloys Behler, die in einem entscheidenden Moment zum Weitermachen angestiftet haben. Und ich nenne als eine immer wieder nährende Quelle der Anregung all jene Leser, die mir zu meinen Garten-Kolumnen in ›natur‹ und in der ›Zeit‹ geschrieben haben. Aus den Texten dieser Kolumnen entstand der vorliegende Band.

Das Schicksal – oder wer sonst in diesen Dingen das Sagen hat –
fügte es, daß ich wieder einen Garten zurücklassen und wieder
einen neuen beginnen mußte (oder durfte, ich weiß noch nicht,
wie das Schicksal es gemeint hat). Der Gärtner schlägt seine
Wurzeln besonders tief und fühlt sich folglich noch stärker
verletzt als andere, wenn er, warum auch immer, das Feld
räumt. Das Versprechen des Neuen klingt ihm leiser, vernehm-
lich hingegen der klagende, lockende, vorwurfsvolle Ruf des
verlassenen Gartens. Manches darin wird ohne seine Zuwendung nicht lange mehr weiterleben, anderes macht sich selb-
ständig, setzt sich durch und prägt als Baum oder Strauch das
geräumte Feld; vielleicht überdauert auch nur eine Osterluzei
und kriecht unverdrossen weiter, oder die Minze aus Nepal,
nur demjenigen als ein Relikt aus dem Vorleben des Gartens
kenntlich, dem dieses Vorleben vertraut gewesen ist.

Am besten ist es wohl, den Garten, den man gehabt hat, nach
einer gehörigen Zeit der Trauer (von »Trauer*arbeit*« sprechen
die Psychologen, und mit Recht) wegzulegen und sich ganz
dem Neuen zu widmen, damit etwas daraus wird. Zweierlei
erscheint mir dabei – um nun schnell zum Handfesten überzu-
gehen – besonders wichtig: die Luft im Boden und die Erschaf-
fung von Raum und Räumen.

»Luft im Boden« bedeutet in unserer Gegend: daß die schwe-
re, lehmig-tonige Erde der alten Flußniederung verschwende-
risch mit scharfem Sand »gemagert« wird und wenigstens in
einer oberen Schicht so weit durchlüftet, daß die Rotteprozesse
der Mulchlagen leicht vonstatten gehen können und die ersten
Neupflanzungen gut anwurzeln. Durchlüftung und Wasserfüh-
rung sind, vor allem am Anfang, wichtiger als Nährstoffzufuhr,
die sich sehr bald ohne unser Zutun vollzieht: durch welke
Blätter, durch Schneckenkot und durch die Tätigkeit der Re-
genwürmer und Asseln.

Umso unsinniger ist der alte und immer noch nicht ganz
ausgestorbene Brauch, einen neuen Garten zuerst einmal mit
Unmengen von Torf zu versorgen: Wenn der zu naß ist, erstik-

ken die Wurzeln darin, wenn er austrocknet, verdursten sie, und im übrigen erzeugt der Torf eine für die meisten Pflanzen ganz unzuträgliche Säuernis. Also Sand zum Durchatmen, als lockeres Saatbett für die einjährigen Pioniere und als freundlicher Empfang für die ersten Ableger und -sämlinge. Vier Wagenladungen Sand waren die erste Investition im neuen Garten am Lindenhof.

Sodann: der Raum und die Räume. Je eher man damit beginnt, um so besser, denn Räume wachsen erst in Jahren, und jedes halbe Jahr Vorsprung ist wertvoll. Vor zwanzig Jahren galt es als fortschrittlich, zwischen den schmalen Gärten von Reihenhäusern keine Zäune zu ziehen, sondern die obligatorischen Rasenflächen ineinander übergehen zu lassen; man fand es spießig und unsozial, die Gartenräume voneinander zu trennen – als wäre nicht die Möglichkeit zum Rückzug in die Abgeschiedenheit zugleich die sicherste Gewähr für ein erfreuliches Sozialleben. Hinzu kam noch ein merkwürdiger Irrtum in bezug auf Raum und Proportionalität: Man glaubte nämlich, die Gärten würden durch Hecken und Pergolen unerträglich verengt. Das Gegenteil ist der Fall: Eine offene Wiese von siebzig Quadratmetern wirkt klein, ein grünes Zimmer gleicher Größe trotz der Wände geräumig.

Es geht nicht nur darum, daß einem der Nachbar nicht in die Nachmittagskaffeetasse kucken kann. Wichtiger noch ist der Windschutz, den die grüne Wand gibt, auch der Schatten, den sie bietet. In den abgesonderten Bereichen entsteht dann etwas, was man »Kleinklima« nennt, aber dieser Begriff ist viel zu eng, weil er die besondere Stimmung, die eigentümlichen Düfte und Geräusche solcher Winkel und Ecken nicht mit umfaßt.

Im neuen Garten habe ich angefangen mit einer Art von Heckenwäldchen. Zur Straße hin gab es zwar schon eine Weißdornhecke, doch schien sie mir als Sicht-, Staub- und Lärmschutz nicht ausreichend, obwohl die kleine Straße nicht sehr befahren ist. Also opferte ich innerhalb der Hecke, die von nun an frei wachsen darf, einen Streifen von vier Meter Tiefe, auf dem Freund Günter, der Gehölzkundige, viele einheimische und zwei fremdländische Arten in wohlbedachter Mischung versammelte, vierzig Pflanzen auf sechzig Quadratmetern: Pfaffenhütchen, Hasel, Vogelbeere, Ahorn, Hainbuche, Felsenbirne, Kornelkirsche, Taxus, Ilex und Liguster – und dazu den Götterbaum (*Ailanthus*) aus China, dessen Triebspitzen man im Frühjahr wie Spargel zubereiten kann, sowie den Tausendblütenstrauch (*Evodia*) mit wohlriechenden weißen Blüten und rötlichen Früchten, gleichfalls ein Chinese.

Gemeine Felsenbirne

Ungeduld muß bei Gehölzen bar bezahlt werden: Das Heckenwäldchen aus älteren Pflanzen hat tausend Mark gekostet; es wäre auch für einen Bruchteil zu haben gewesen, aber dann hätte ich viele Jahre warten müssen, bis es seine Schutzfunktion an der Straßenseite erfüllt.

Anderswo im Garten werden mit solchen Pflanzungen Räume gebildet werden, Lebens-Räume und Refugien für Menschen und Pflanzen und Tiere. Die besten Plädoyers für solche Raumbildung im Garten fand ich in Roland Rainers Buch ›Gärten. Lebensräume, Sinnbilder, Kunstwerke‹, einer schier unerschöpflichen Quelle verborgener Anregungen. Und die Erinnerung an die Spaziergänge mit dem Vater durch das längst von einem Autobahnkreuz verschlungene »Biefangsbüschchen« wurde neu geweckt durch eine kleine Broschüre der Gärtner-Brüder Alfons und Aloys Meyer aus Märschendorf: ›Gebüschheckengarten‹ heißt da das Leitwort.

Der Begriff ist faszinierend, traumträchtig. Freilich sollte man nicht vorgeben, ein solcher Garten sei ein »Naturgarten«. Denn wenn man auf kleinem Raum besonders viele verschiedene Gehölze zusammenpflanzt und durch regelmäßigen durchgreifenden Schnitt dafür sorgen muß, daß dieses »grüne Nest« (Meyer) überhaupt bewohnbar bleibt, dann wird man die Künstlichkeit dieses Gartenkonzeptes schon an den Unmengen von Schnittgut ermessen können, die Jahr für Jahr fortgeschafft werden müssen. Nur wer vorher weiß, wohin mit so viel »Biomasse«, wird einen Versuch in der Richtung des Gebüschheckengartens unternehmen dürfen; er sollte auch nicht vergessen, daß der Gehölzschnitt, je nach der Menge, eine schweißtreibende Sache werden kann. Die Hoffnung, ein solcher Garten mache, einmal angelegt, nur wenig Arbeit, ist eitel, und das Versprechen, man könne rund um die Gebüsche die Fülle der Waldsaumpflanzen ansiedeln, ist nur dann einlösbar, wenn man unentwegt schneidet und schneidet, um die Säume frei und licht zu erhalten. Drei Wochen Urlaub zur falschen Zeit – und die Pracht ist dahin.

Bedenken also, Bedenken auch gegen manche der von den Brüdern Meyer empfohlenen Gehölze: Es sollte sich zum Beispiel niemand einfallen lassen, die Schneebeere *(Symphoricarpos)* in den Garten zu holen – er wird nach zwei oder drei Jahren um ihre Vertreibung zu kämpfen beginnen und wahrscheinlich ein Leben lang damit zu tun haben.

Aber jenseits aller Einwände sollte man mit dem Begriff »Gebüschheckengarten« weiterspielen, Kinderträume von Buschverstecken heraufholen, grüne Wände um sich herum wenigstens denken – und dann vielleicht tatsächlich die eine oder andere davon aufrichten, wachsen lassen und staunend zusehen, wie sie den Garten verändert, gliedert, bereichert – und *vergrößert,* jedenfalls für das Empfinden dessen, der in seinem Garten wohnen will und nicht darauf aus ist, eine Miniatur-Landschaft zu haben, die, vom Wohnzimmerfenster aus gesehen, die Illusion von Lüneburger Heide plus Allgäu plus Schwarzwald erwecken soll.

Als wir den Lindenhof im November bezogen, waren nur noch Andeutungen gärtnerischen Bemühens zu erkennen: ein hekkengeschütztes Geviert, das sich als einstiger Gemüsegarten erahnen ließ; im Schatten der beiden alten Linden eine kümmernde Rosenrabatte; irgendwo verloren herumstehend die von Giersch durchwachsenen Reste eines Päonien-Beetes und lückige Überbleibsel einer gräßlich gestutzten Buchsbaumhekke; hinter den windschiefen Schuppen ein vergreister Obstbongert, um den sich seit vielen Jahren niemand mehr gekümmert hat. Und alles, aber auch alles durchtränkt mit Gülle, die an manchen Stellen in großen (absonderlich schönen!) schwarzgrünen Pfützen stand.

Ließe man hier, nach den Garten-Prinzipien des holländischen Ökologen Le Roy, einfach wachsen, was wächst, so wäre wohl bald außer Brennesseln nichts mehr zu sehen – und das auf Jahre hinaus, denn der Stickstoff würde ihnen bei soviel Gülle so schnell nicht ausgehen.

Was die Brennesseln (und viele andere stickstoffliebende Pflanzen, natürlich auch die eßbaren) von dem angebotenen Stickstoff nicht gleich verwerten können, das wandeln sie in die mit Recht berüchtigten Nitrate um und deponieren es als Vorrat in ihren Blättern. Daran mußte ich wieder denken, als ich kürzlich in einem Bericht über einen schönen »Bio-Garten« las, es sei ein prominenter Bio-Gärtner zu Besuch gekommen, habe das Publikum durch fortgesetztes Kauen frischer Brennesselblätter in ehrfürchtiges Staunen versetzt und dazu nur leichthin bemerkt, dies sei sein Frühstück, und es sei der Intelligenz sehr förderlich.

Der Mann hat da eine ganz ordentliche Nitrat-Portion zu sich genommen, und wer die Brennessel derart als Wildgemüse rühmt, muß sich dann jedenfalls darüber klar sein, daß er die hohen Nitratwerte des Trinkwassers nicht mehr ernstlich beklagen darf: Er müßte wohl fünf oder sechs Liter belasteten Wassers trinken, um sich soviel Nitrat einzuverleiben, wie in einer Handvoll Brennesselblätter steckt. Ob die jungen Blätter bekömmlicher sind, bliebe erst noch nachzuprüfen.

Übrigens sind die *ganz* jungen Brennesselblätter nicht grün. Wer Brennesseln im Frühjahr aufmerksam betrachtet, wird sehen, daß die Pflanzen den Eindruck machen, als bereite sich im Gipfel des Sprosses, wo noch rote Farbtöne vorherrschen, eine Blüte auf ihr Erscheinen vor. Oft hat das noch nicht Entfaltete etwas besonders Festliches, wie ein feierliches Versprechen, eine leuchtende Verheißung.

Brennesseln also sind wirklich »mit Vorsicht zu genießen«. Das gilt, aus anderem Grund, auch für das Gemeine Kreuzkraut *(Senecio vulgaris),* das an einigen frisch umbrochenen Stellen meines Güllelandes üppig gedeiht – und zwar schon seit dem vorigen Herbst bis tief in den Winter hinein. Zum Neujahrstag holten wir einen dicken Strauß ins Zimmer, mit tausend gelben Blüten, die durch ihre Vielzahl wettmachen, was ihnen wegen der fehlenden Zungenblüten an Blumenschönheit mangelt. Wäre das Gemeine Kreuzkraut ein mediterraner Fremdling, dann würde man es vielleicht als zuverlässigen Dauer- und Winterblüher im Balkonkasten hegen.

Tatsächlich ist es einmal ein mediterraner Fremdling gewesen, doch ist das lange, lange her, und seitdem hat es sich als »Kulturfolger« mit dem Ackerbau fast über die ganze Erde ausgebreitet: Die Samen fliegen leicht und weit an ihren Schirmchen und haben dazu noch Härchen, aus denen bei Feuchtigkeit ein klebriger Schleim austritt; dieser begünstigt sowohl die Verschleppung durch »Klebhaftung« wie auch die Verankerung im Boden.

Zäh und beharrlich ist das Gemeine Kreuzkraut auch darin, daß es bei kargen Lebensumständen immer noch »Hungerformen« zu bilden vermag, die oft nur eine einzige trotzige Blüte tragen; und im Gebirge, wo der Same nicht ausreift, entschließt das Kreuzkraut sich kurzerhand, vom einjährigen Kraut zur ausdauernden Staude zu werden.

Aber den plattdeutschen Namen »Dickkopp« hat das Gemeine Kreuzkraut wohl nicht wegen dieser Hartnäckigkeit, sondern eher deshalb, weil es früher als zuverlässiges Mittel bei Schwellungen aller Art galt. Ein Tee aus Kreuzkrautblättern sollte außerdem abführend, harntreibend und gegen Würmer wirken. Inzwischen hat man herausgefunden, daß alle *Senecio*-Arten Pyrrolizidinalkaloide enthalten, und diese sind genauso giftig, wie ihr Name klingt: Sie schädigen die Leber, sind krebserregend und haben in tropischen Gebieten, wo manche Kreuzkraut-Arten als Tee getrunken werden, schon Massenvergiftungen verursacht.

Den Pyrrolizidinalkaloiden bin ich in besonderem Groll ver-

bunden, denn sie sind auch im Beinwell enthalten, und Bein-
wellblätter wären doch, wenn sie eben keine Pyrrolizidinalkaloide enthielten, ein schätzenswertes Gemüse: Erstens sind sie
(besonders als Pfannkuchenfüllung) ausnehmend schmackhaft,
und zweitens kann man sie unaufhörlich ernten, ohne etwas
anderes zu tun als abzuwarten, bis die heruntergeschnittenen
Pflanzen wieder durchgetrieben haben, was nur ein paar Tage
dauert. Manchmal gönne ich mir das ungesunde Vergnügen,
aber es bleibt ein Jammer, daß wir eine so bereitwillig gewäh-
rende Pflanze nicht essen dürfen und uns nur ersatzweise das
Wort Pyrrolizidinalkaloide auf der Zunge zergehen lassen
können.

Gemeiner Beinwell

Was aber nun mein Gülleland angeht, so ist, wie immer, aller
Anfang schwer. Nicht nur wegen Gülle, Brennesseln und
Kreuzkraut, sondern vor allem wegen der grundsätzlichen Ent-
scheidung: Sollen wir (für sechstausend Quadratmeter) eine
Gesamtplanung machen, mit allen Wegen und Wiesen und
Wassern und Wäldchen, die dann im Laufe der Jahre langsam

15

»nach Plan« entstehen? Oder sollen wir zunächst nur ein paar Akzente setzen, mit Gehölzen und Hecken, und alles Weitere der Zukunft überlassen – der Erkundung tageszeitlicher und jahreszeitlicher Besonderheiten der Gartengegenden, den wachsenden Gewohnheiten im Abschreiten des Geländes, auch den Zufällen einer schrittweisen Aneignung?

Manches spricht gegen die Planung »aus einem Guß«. Daß ein Garten nie fertig wird, ist eine Binsenweisheit. Also braucht man ihn auch im Kopf nicht fertig zu haben, sondern kann ihn Stück für Stück erschaffen, und bis dahin darf auf vielen Stükken geschehen, was eben geschieht, wenn man sie sich selbst überläßt. Und es kann noch geträumt werden von einem kleinen ägyptischen Garten, vom großen Ackerwildkräuterstück, von den Waldsaumpflanzen an der Wallhecke (für die der Wall noch nicht aufgeworfen ist), vom Klostergärtchen, vom Rosarium mit uralten Sorten und von hundert anderen Themen und Schauspielen, die gar nicht alle im Garten unterzubringen sind, bei einer als endgültig gedachten Gesamtplanung also gleich zu Anfang aufs Erreichbare gestutzt werden müßten.

Dann aber kommt der Abend, da man in schönen Gartenbüchern herumwandert – und man sieht Treppenwege mit Kieselpflaster, überwachsene Gänge, Wohnsiedlergärten der zwanziger Jahre, islamische und chinesische Gärten und den großen Plan von Muskau; dann träumt man gleich wieder von den großen Gesten und den umfassenden Entwürfen. Schließlich bleibt dieser Kampf der Prinzipien so unerledigt, wie der Garten unfertig bleibt – und es gilt erst einmal, für die beiden Gänse ein angemessenes Revier zu finden: Groß genug muß es sein (etwa dreihundert Quadratmeter!), damit es ihrer vernichtenden Gefräßigkeit standhält, in Eingangsnähe soll es liegen, damit Marlene und Adele ihr Wächteramt ausüben können, und außerdem soll es vom Fenster her einsehbar sein und möglichst einen dunklen Hintergrund haben, von dem sich die schönen Linien der Gänsekörper gut abheben, als ein unablässig gleitendes Spiel der sanften Kurven.

Aussaatzeit: Wohl dem, der rechtzeitig Samen bestellt, seine Vorräte geordnet und alle anderen Vorkehrungen getroffen hat – die Aussaatschalen gereinigt, magere Erdmischungen bereitet und neue Schildchen eingekauft.

Vorsichtige Säleute lassen immer einen Samenrest im Tütchen für den Fall, daß etwas mißlingt. Über die Jahre hin sammeln sich die Reste zu einem Fundus, der freilich an Verläßlichkeit verliert, was er an Umfang gewinnt. Der Umgang mit den Überbleibseln sagt viel über den Gärtner: Macht er umständliche Keimproben, um vorab die Spreu vom Weizen zu sondern? Wirft er beherzt alles weg, was älter ist als ein Jahr? Oder rührt ihn der Gedanke, daß in jedem Körnchen vielleicht, vielleicht doch noch das Leben einer ganzen Pflanze steckt, so daß er auch den letzten immer eine Chance gibt?

Und dann die neuen, frisch eingetroffenen Samen. Leicht addieren sich da die vielen kleinen Wünsche, die man sich nach dem Katalog erfüllt hat, zusammen mit der eigenen Samenernte zu Aberdutzenden, und es bleibt uns doch jetzt nur die Spanne kurzer Wochen, um alles einer mildfeuchten Saaterde anzuvertrauen. Auf allen Fensterbänken drängeln sich die Töpfe und Kistchen.

Kleine viereckige Töpfe haben den Vorteil, daß wir jede Art für sich aussäen, je nach ihrem Entwicklungsstand gesondert behandeln und platzsparend unterbringen können. Inzwischen habe ich aber auch die Joghurtbecher aus Plastik schätzengelernt: Wenn man sie nicht bis zum Rand mit Erde füllt, dann lassen sie sich gut abdecken, bis die Sämlinge erscheinen, und wenn diese heranzuwachsen beginnen, kann man die Becher draußen in die Erde einlassen und auf den glatten Rand ein Marmeladenglas stellen. Das schützt die zarten Pflänzchen vor Wind und Schnecken und läßt sie kräftiger werden als drinnen am Fenster. Natürlich muß man vorher mit der Schere ein Abflußloch in den Becherboden schneiden.

Manche Aussaaten sind Routine, und die Schildchen dafür sind Jahre alt: Rosenkohl und Eß-Chrysanthemen, Mangold

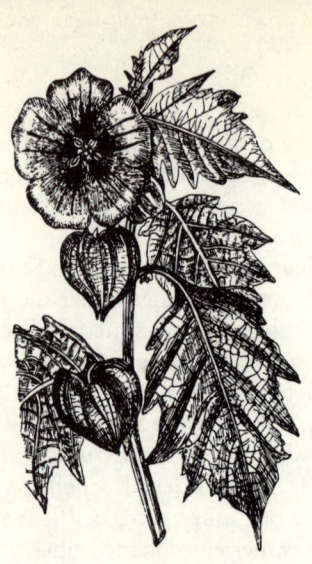

Giftbeere

und Zucchini, Kapuzinerkresse und Zinnien. Auf anderes sind wir gespannt, weil wir es zum ersten Mal probieren:

Von einem Gärtnerfreund, der den Nachtschattengewächsen zugetan ist, bekam ich Samen der Giftbeere *(Nicandra physaloides)* und des Bocksdorn *(Lycium barbarum)*. Die eine stammt aus Peru, der andere aus China, aber beide sind oder waren bei uns gelegentlich verwildert anzutreffen. Fast vollzählig wird die merkwürdige und manchmal etwas unheimliche Familie dann im Garten des Lindenhofs mit ihren hierzulande gedeihenden Vertretern ansässig sein: Kartoffel und Tomate gehören dazu, der heimische Stechapfel *(Datura stramonium)*, die Lampionblume *(Physalis franchetii)* und ihre delikate Schwester, die Kapstachelbeere *(Ph. peruviana)*, und dann noch Tollkirsche, Bilsenkraut, Tabak, Nachtschatten und Paprika: Gift und Wohlgeschmack, Genuß und Drohung, Schönheit und Düsternis nah beieinander – und dann, zum Winterende, als eines der hinfälligsten Gebilde, die der Garten zu bieten hat: das Adernetz der vergehenden Kelchblätter, die die Früchte der *Physa-*

lis-Arten und der Giftbeere umhüllen wie ein feinziselierter Schrein (die Gärtnerin meint: wie gestärkte Spitze).

Die beiden Stücke der Kapstachelbeere haben drinnen jetzt schon den zweiten Winter bei Temperaturen um sieben Grad gut überstanden und lassen die ersten grausamtenen Blätter sehen. Zwei Dutzend ihrer gelben Beeren, umhüllt von grünlichen Lampions (die nichts anderes sind als aufgetriebene Kelchblätter), haben wir im letzten Jahr von jedem Stock geerntet – gerade genug, um sie zu verkosten, zu wenig, um jemanden damit zu verköstigen. Man kann die Beeren einfrieren und zu Kompott oder Marmelade verarbeiten, aber dazu müßte man dann viele Sträucher heranziehen, während schon ein einziger reicht, um den eigenartigen, süßsäuerlichen und aromatischen Geschmack wenigstens kennenzulernen. Im April ist noch Zeit für die Aussaat am Fensterbrett.

Wilde Blasenkirsche

In den Samenkatalogen taucht die Kapstachelbeere *(Physalis peruviana)* neuerdings häufiger auf, doch ist sie keine Novität, sondern eine sehr alte Kulturpflanze, die schon in einem der frühesten Pflanzenbücher, im ›Hortus Eystettensis‹ von 1613, beschrieben wird. Sie stammt aus Südamerika und konnte, da sie bei uns nicht winterhart ist, nur gelegentlich auswildern, im Gegensatz zu ihrer ostasiatischen Verwandten, der Wilden Blasenkirsche *(Ph. alkekengi),* die mit ihrer kriechenden Grundachse unsere Winter meist gut übersteht und, seit Jahrhunderten aus der Gartenkultur verwildert, in manchen Gegenden als einheimisch gelten kann. In den Gärten findet man allerdings meist ihre Schwester, die Lampionblume *(Ph. franchetii).*

Spalten und Ritzen aller Art gibt es auf dem alten Hof genug. Aber in wie vielen Gärten fehlen solche schmalen dunklen Nischen, in denen Wildbienen, Käfer, Grabwespen, Spinnen und andere hochwillkommene Gartengäste Unterschlupf finden und eine Bleibe einrichten können. Wer sich scheut, auf seinem Grundstück jene Art von lässiger Unordnung zu dulden, die sich auf dem Lande ganz von selbst ergibt, der hat viele Möglichkeiten, Rohbauten zu erstellen und deren Architektur dem Garten, auch wenn es ein »ordentlicher« Garten ist, ganz zwanglos einzufügen:

Ein viereckiger Balken oder ein schönes Rundholz, einen Meter lang, wird irgendwo in die Erde gerammt und von oben bis unten mit vielen waagerechten Bohrungen versehen, streichholzdick und kurz, oder zentimeterdick und dann tief ins Holz reichend. Am besten steht der Pfahl in der Nähe eines Sitzplatzes, damit man beobachten kann, ob sich Mieter einfinden.

Oder: Man füllt eine Konservendose dicht bei dicht mit Strohhalmen und hohlen Stengeln (auch solchen, die noch von wattigem Mark ausgefüllt sind, wie die der Sonnenblumen). Die Dose wird an einem Draht oder an einem Loch im Boden waagerecht auf einen Haken gehängt, möglichst windgeschützt an einer sonnigen Wand. Statt einer Blechdose kann man natürlich auch ein Kistchen nehmen – jedenfalls sollte die Rückseite geschlossen sein.

Eine größere Kiste (zum Beispiel von »Château Haut-Bailly«) wird zum Appartementhaus für mancherlei Tiere und ihre Brut, wenn wir sie mit Brettchen und Ästen und Rindenstücken, vielleicht auch mit ein paar Lumpen, so kunstreich vollgestopft haben, daß jeder Besucher das Werk für eine bedeutungsvolle Collage halten wird und nicht für eine Käferkiste.

Schließlich: die Dachpfannenmauer, lose aufgeschichtet an

einer warmen Hauswand, hie und da etwas altes Laub oder Heu und lehmige Erde zwischen die Lagen gestreut, auch ein paar Dachwurz-Rosetten darangepflanzt. Dies und alles andere und was einem dazu noch einfallen könnte, das ist: ein bescheidenes Naturschutzgebiet im eigenen Garten.

Kaum nötig, noch zu vermerken, daß solche Reservate sich nur dann beleben können, wenn rundherum im Garten konsequent auf jeden Giftkrieg verzichtet wird, ein für allemal.

Nicht zu leichtfertig sollten wir verloren geben, was jetzt, nachdem die schlimmsten Fröste vorbei sind, so aussieht, als werde es nie wieder zum Leben erwachen. Im vorigen Frühjahr wollte ich einen jungen Maulbeer-Strauch schon ausreißen, weil er erfroren schien, vergaß es dann – und fand im Sommer, daß er klammheimlich und ohne jede Nachhilfe von ganz unten her wieder ausgetrieben hatte. Oft schläft irgendwo in einer Knospe oder ganz in der Erde verborgen ein Rest von Lebenskraft. Wieder ein Grund mehr, bei allen Ordnungsarbeiten behutsam zu sein.

Freilich ging es mir, als ich den Maulbeerbaum roden wollte, nicht so sehr um die Ordnung als vielmehr um die Wurzel; es handelte sich nämlich um einen Schwarzen Maulbeerbaum *(Morus nigra),* und dessen Wurzel wird als »graugeädert, goldgelb« beschrieben und in Italien von alters her für Intarsienarbeiten ausgegraben. Auf die Wurzel also war ich neugierig – und bin es immer noch, da der Strauch sich zwar erholt hat, aber noch nicht so erstarkt ist, daß ich ihm ein Wurzelstück rauben möchte. Auch die dunklen Früchte hat er noch nicht gebracht – das kann ein Jahrzehnt oder länger dauern. Im Gegensatz zu den faden weißen Früchten des Weißen Maulbeerbaums *(Morus alba)* sollen die des Schwarzen wohlschmeckend sein, in England machte man Marmelade daraus und in den Klöstern des Mittelalters den »Vinum moratum«, den Maulbeerwein.

Der Schwarze Maulbeerbaum stammt aus Vorderasien, der Weiße Maulbeerbaum aus China, beide werden in Europa seit vielen Jahrhunderten kultiviert und sind gelegentlich verwildert anzutreffen, der Weiße auch als letztes Überbleibsel von ehemals umfangreichen Anpflanzungen; seine Blätter braucht man

Weiße Maulbeere

nämlich zur Aufzucht von Seidenraupen, und damit hat man sich in Italien schon sehr früh und dann auch bei uns in Deutschland befaßt: Friedrich der Große ärgerte sich über die hohen Rohseidenpreise und förderte die Produktion im eigenen Land, und ein pfälzischer Kurfürst hatte sogar Gewalt angewandt, um seinen Bauern die Anpflanzung von *Morus alba* aufzuzwingen, weshalb der Baum in der Pfalz auch »Zwinguff« hieß.

Wir können die Bäume aus freien Stücken pflanzen, zwischen den Schwarzen und den Weißen Maulbeerbaum eine Bank stellen und auf derselben des unglücklichen Paares Pyramus und Thisbe gedenken, dem es zuzuschreiben ist, daß aus dem Weißen Maulbeerbaum der Schwarze wurde: Als die beiden sich nach langer heimlicher Liebe endlich unter dem Weißen Maulbeerbaum treffen wollen und Thisbe ihrem Pyramus zuvorkommt, erscheint ein brüllender Löwe; Thisbe flieht, doch bleibt ihr Schleier zurück, und der Löwe, das Maul noch blutig von der vorigen Mahlzeit, spielt damit; dann trollt er sich. Jetzt kommt Pyramus, findet Thisbes blutigen Schleier, wähnt sie vom Löwen aufgefressen und ersticht sich; sein Blut spritzt auf die weißen Maulbeeren und färbt sie rot. Als Thisbe sich wieder herantraut, sieht sie Pyramus tot da liegen – da nimmt sie sein Schwert und entleibt sich auch.

Shakespeare hat die babylonische Legende im ›Sommernachtstraum‹ verulkt, und bei den Literarhistorikern gilt sie als etwas zu sentimental, aber ich finde, daß sie sehr eindrucksvoll die schrecklichen, zwischen Liebenden immer wieder vorfallenden Mißverständnisse und die Torheit übereilter Konsequenzen versinnbildlicht. Deshalb habe ich die beiden Bäume gepflanzt.

Es gibt viele Gründe, einen bestimmten Baum zu pflanzen, und ich gebe zu, daß die Erinnerung an Pyramus und Thisbe nicht zu den triftigsten gehört. Aber ich muß bekennen, daß sonst nicht viel für *Morus* spricht: Seidenraupen züchten wir nicht mehr, Brombeeren tragen viel eher, Wurzeln für Intarsienarbeiten brauchen wir auch nicht. Also sind die Maulbeerbäume höchstens etwas für sehr große Gärten, in denen man sich auch Ausgefallenes leisten kann; dort entwickeln die Bäume eine bizarre Gestalt mit einer besonders schönen Krone – aber erst nach dreißig, vierzig Jahren ...

Schneller ist der Hopfen *(Humulus lupulus)*, der mit dem Maulbeerbaum eng verwandt ist und, wie dieser, in den Gartenbüchern fast immer totgeschwiegen wird. Vielleicht hängt das damit zusammen, daß der Hopfen unerbittlich zähe Ausläufer treibt und mit seinen meterlangen Lianen alles umgarnt, was er gerade erreichen kann: Pfähle, Bänke, Bäume, Stauden, und mit robusten Klimmhaaren hält er sich daran fest. Der Hopfen hat eine ausdauernde Wurzel, aber die Ranken sterben alljährlich ab und wachsen im Frühjahr wieder neu heran, drei oder vier Meter lang schon im ersten Jahr nach der Pflanzung – so recht etwas für ungeduldige Hausbegrüner.

In zwei oder drei Wochen werden die ersten Triebspitzen erscheinen. Wenn die Sprosse handhoch (und noch nicht rauh!) sind, können wir sie abschneiden und wie Spargel mit einer weißen Soße zubereiten oder in Butter schmoren oder als Salat anmachen. Freilich braucht man für eine ordentliche Mahlzeit sehr viele Hopfenpflanzen. Um sie zu gewinnen, müßte man eine ältere Wurzel ausgraben, teilen und die »Fechser« so nebeneinander pflanzen, daß im Frühjahr ein Hopfen-»Rasen«

aufschießt; im Laufe der Jahre wachsen die Wurzeln, der Rasen wird immer dichter, die Ernte immer reicher.

Man muß darauf achten, die Wurzel einer weiblichen Pflanze zu bekommen. Der Hopfen gehört nämlich zu den tugendhaften Pflanzen, bei denen die Geschlechter nicht beieinander wohnen, und nur die weiblichen Pflanzen bescheren uns die Hopfen-»Zapfen«, die keine Zapfen sind, sondern traubenförmig gebaute Blütenstände mit Vorblättern und Deckblättern.

In diesen Hopfen-Zapfen liegen, in Form von Drüsen, die als »Hopfenmehl« ausgedroschen werden, die Wohltaten bereit, die der Hopfen uns zu bieten hat: Wir können uns daraus einen wirklich guten und unschädlichen Schlaftee brauen oder einen starken Auszug, den wir mit Honig süßen und mit Alkohol als einen vorzüglichen Magenbitter konservieren.

Und natürlich können wir Bier damit brauen. Dem Bier verleiht der Hopfen nicht nur die würzige Bitterkeit, sondern, durch seine antibiotischen Bestandteile, auch bessere Haltbarkeit. Seit Jahrhunderten wird er zu diesem Zweck angebaut. Am längsten haben die Engländer gezögert, sich diesen Vorteil zunutze zu machen: Noch Heinrich VIII. verbot die Verwendung von Hopfen, nachdem das Parlament zu dem Schluß gekommen war, der Hopfen sei »ein abscheuliches Kraut, das den Geschmack des Bieres verdirbt und die Gesundheit gefährdet«. Für das englische »ale« nahm man alle möglichen anderen aromatischen und bitteren Kräuter, darunter Majoran, Fieberklee, Wermut, Salbei und Schafgarbe.

Außer dem Hopfen gehört zum Bier das Malz. Aber der Umgang damit ist etwas mühsam, weshalb ich hier ein Rezept weitergebe, das ich in meinem uralten Hausfrauen-Lexikon fand und das mit braunem Zucker auskommt: Acht Pfund Zucker werden mit einem Eimer Wasser und einem Pfund Hopfen eine halbe Stunde lang gekocht. Man seiht die Flüssigkeit durch, läßt sie auf Zimmertemperatur abkühlen und gibt dann ein Päckchen frische Bierhefe hinzu; acht Tage lang läßt man es gären, auch länger, denn »es wird täglich besser«. Ich habe mit verminderten Mengen (ein Pfund Zucker auf drei Liter Wasser) einen Vierliter-Ballon angesetzt – nur meiner Leser wegen, denn ich mag kein Bier. Vom dritten Tage an probierten wir das Hopfenbier, und es schmeckte vorzüglich (ein bißchen nach

Gemeiner Hopfen

Hopfen, ein bißchen nach Hefe – und auch nach Bier), so daß es am fünften Tag zur Neige ging. Wer wissen will, wie es nach dem achten Tage schmeckt, mag selber eines ansetzen.

Aus einem Oldenburger Garten kam ein Winterstrauß, der zwischen Buchs und Efeu und trockenen Fruchtständen eine ungewöhnliche Verlockung darbot: die schönen Rispen des Perlfarns *(Onoclea sensibilis),* aus denen sich mit etwas Glück neue Perlfarnpflanzen heranziehen lassen.

Die Farne vermehren sich nicht durch Samen, sondern auf etwas komplizierte Weise durch Sporen, die an den Unterseiten der Wedelblätter sitzen. Beim Perlfarn rollen sich die sporentragenden Blätter zu kleinen Kugeln ein und bilden derart, wenn sie vertrocknet sind, eine hübsche, mit dunkelbraunen Perlchen besetzte Rispe, die aussieht wie der Samenstand einer Blütenpflanze. (Das ist nur eines von vielen Beispielen dafür, wie die »niederen« Pflanzen, Farne, Moose und Algen, immer wieder Gestaltelemente der erdgeschichtlich viel jüngeren Blütenpflanzen gleichsam vorahmen, also eine Form entwickeln, zu der es noch gar keinen »Inhalt« gibt.)

Einige der staubfeinen Sporen, die in den Perlen geborgen liegen, werde ich einem feuchten Bett aus Torf anvertrauen, eine Glasplatte darüberdecken, damit der Brutraum zuverlässig feucht bleibt, und dann werden die Sporen sich zunächst zu einem kleinen grünen Lappen, dem Vorkeim, entwickeln. Später werden auf der Unterseite des Vorkeims bewegliche männliche Keimzellen und festsitzende, schlauchförmige weibliche Geschlechtsorgane entstehen. Ihre Vereinigung vollzieht sich, indem die männlichen Zellen, durch Spuren von Apfelsäure angelockt, im Wasserfilm der Vorkeim-Unterseite zu den weiblichen Organen schwimmen und die darin liegende Eizelle befruchten. Erst daraus entsteht dann die neue Farnpflanze – und Jahre wird es dauern, bis auch in meinem Garten zur Winterzeit die Rispen des Perlfarns irgendwo aufragen – und mich immer an die Gärtnerin aus Oldenburg erinnern.

Für den Pflücksalat (den wir früh aussäen können und sollten, um ihn schon essen zu können, wenn manche anderen Gartenbesitzer erst aus dem Winterschlaf erwachen) – für den Pflücksalat also gilt als eherne Regel, daß man ihn nicht pikieren kann, sondern die beim Ausdünnen der Reihen ausgezupften Sämlinge wegwerfen muß.

Weit gefehlt! Wer die zarten Salätchen in gehörigem Abstand auspflanzt und reichlich wässert, der hat die erste Nachsaat gespart. Denn die pikierten Pflanzen tun zwar zunächst gekränkt, stocken im Wachstum und brauchen zwei Wochen oder mehr, bis sie sich besonnen haben – aber dann gedeihen sie gut und werden just zu der Zeit erntereif, da der Ertrag der ersten Aussaat in der Küche verschwunden ist.

Auch durch Umsicht beim Pflücken können wir die Erntezeit verlängern. Wenn wir die ganz jungen Blätter unberührt lassen, immer nur die älteren abnehmen, werden die Pflanzen Wochen und Wochen weiterwachsen und uns selbst dann noch versorgen, wenn sie schon zu blühen beginnen.

Was aber jene ehernen Regeln des Gärtnerns angeht, so zeigt das Pflücksalat-Beispiel, wie ersprießlich es sein kann, ihnen zuwiderzuhandeln. Manche Normen und Vorschriften, die da in Umlauf sind und folgsam weitergereicht werden, sind falsch oder einfach unnötig. Vor einiger Zeit erlebte ich bei einem Treffen biologischer Gärtner, daß ein heißer Streit darüber ausbrach, wo denn in einem Garten der Komposthaufen zu liegen hätte. Ein Komposthaufen, hieß es, sei etwas so Schönes und Wichtiges, daß man ihn füglich, auch der leichteren Erreichbarkeit wegen, mitten in den Garten zu setzen hätte; wer ihn im Hintergrund verberge, gebe damit zu erkennen, daß er Wert und Würde des Kompostes nicht zu schätzen wisse oder sich nicht dazu bekennen wolle.

Es meldete sich aber ein Vermessungstechniker zu Wort und sagte, er sei ja wohl am ehesten berufen, den arbeitstechnisch besten Standort eines Komposthaufens im Garten zu ermitteln – aber er fände es viel sinnreicher, wenn der Haufen irgendwo weit hinten läge, weil der Gärtner dann genötigt sei, immer wieder seinen ganzen Garten abzuschreiten.

Solche Widersetzlichkeit ist mir weit lieber als die bärbeißige Unerbittlichkeit der Strenggläubigen, die selbst die Lage des Komposthaufens noch zu einer Glaubensfrage machen und auch sonst immer ganz genau wissen, was man darf und was man nicht darf. Ökologie als Werkzeug der Disziplinierung...

Natürlich meine ich damit, wieder einmal, auch jene, die unter der Parole der ökologischen Vernunft gegen die Anpflanzung fremdländischer Gewächse wettern und denen zum Trotz ich gleich ein solches rühmen werde. Zuvor aber hätte ich einen Vorschlag für die strengen Ökologen: Sie sollten doch, um ja nichts zu versäumen, jeden Morgen in ihren Garten... – ach, ich zitiere auszugsweise den alten Gustav Jäger, ›Deutschlands Thierwelt‹, 1874:

»Der *Menschenkoth* findet bei nicht wenig Thieren Anklang und wird in Bälde von ihnen verzehrt. Einige unserer schönsten Schmetterlinge, die Blauschiller und Eisvögel und mehrere Bläulingsarten setzen sich mit Vorliebe auf frische Haufen. Eigentlich in erste Linie sind durch ihre Auffälligkeit die Zweiflügler zu stellen, vor allem die prächtigen, hellgoldigen, die Stubenfliege an Größe übertreffenden *Lucilia*- und *Pyrellia*-Arten, welche selten auf einem frischen Kothe fehlen, dann die Gelbe Dungfliege. Weiter spazieren hier in Quantum die zierlichen glänzendschwarzen *Nemopoda stercoraria* und oft auch die nahverwandten Arten der Gattungen *Sepsis* und *Themira*. Schaarenweise sieht man die großflügligen, schwarzen und schwarzbraunen trägen *Borborus*-Arten und die an den weißlich leuchtenden, schmal zusammengelegten Flügelchen und den vielgliedrigen Fühlern kenntlichen *Scatopse*-Arten. Alle diese Zweiflügler sind hier nicht blos des Kostens wegen versammelt, sondern auch um ihre Eier abzulegen, denn ihre Maden leben vom Kothe. – Von Käfern findet man im Menschenkoth hauptsächlich folgende: den kleinen schwarzen *Onthophagus semicornis*, den bronzeglänzenden, unten dunkel metallgrünen *O. coenobita* und den unten schwarzen, oben braun und schwarz gesprenkelten *O. nuchicornis*. Von *Aphodius*-Arten finde ich, namentlich im Frühjahr um Menschenkoth sich bemühend, den *A. prodromus*. Von den *Geotrupes*-Arten habe ich vereinzelt auch den großen *G. stercocarius* an Menschenkoth beobachtet, obwohl ihm der Roßdünger entschieden am meisten mundet.«

Soweit Gustav Jäger, und wer ökologisch denkt, sollte wissen, was er zu tun hat, um Eisvögeln und Bläulingen und Zweiflüglern und Käfern zu bieten, was sie brauchen und was sie in unseren so sauberen Gärten bitter entbehren müssen.

Und nun die fremdländische Pflanze – die Ringelblume *(Calendula officinalis)*. Sie kommt uns gar nicht so fremdländisch vor und ist eben deshalb ein einleuchtendes Beispiel dafür, wie man sich an die Fremdlinge gewöhnen kann und wie töricht es wäre, sie aus dem Garten zu weisen, nur weil sie irgendwann einmal Neulinge gewesen sind.

Wer die Ringelblume noch nicht im Garten hat, sollte sie demnächst aussäen, an ein paar freien sonnigen Stellen, und er sollte sich später das Aussehen der Sämlinge genau merken; denn die Ringelblume wird, einmal zur Samenreife gelangt, Jahr für Jahr wieder auftauchen, meist aber nur einzeln und versprengt wie Morgensterns Kalender-Löwe – »womit er zu erin-

Acker-Ringelblume

29

nern liebt, daß es ihn immerhin noch gibt« –, und nur wer sie schon als Sämling identifizieren kann, entgeht dem Risiko, daß er solche Selbstaussaaten versehentlich ausreißt.

Die Ringelblume stammt aus mediterranen Breiten und wird seit Jahrhunderten in den Gärten kultiviert, nicht nur zur Zierde, sondern auch wegen der mannigfachen Heilwirkungen, die man ihr nachsagt. Am zuverlässigsten hilft sie wohl bei der Wundbehandlung gegen entzündliche Prozesse, ähnlich der Arnika, aber wer sich an dem klaren Leuchten der Ringelblumen-Blüten erfrischt, möchte wohl auch dem Autor eines alten englischen Kräuterbuches glauben, welcher schrieb, man brauche die Blütenköpfe nur anzusehen, dann würden alle bösen Säfte aus dem Kopf gezogen.

Mädchen pflanzten die Ringelblume in die Fußspur des Geliebten, um ihn an sich zu fesseln, während man andererseits mit einem Aufguß Würmer zu vertreiben und den Rotlauf der Schweine zu heilen suchte – die Nutzbarkeiten der Ringelblumen-Blüten sind so unterschiedlich wie die Formen ihrer Früchte: Die Ringelblume zeigt nämlich die seltene Erscheinung der *Heterokarpie,* das heißt, die Früchte sind von ungleichartiger Gestalt. Es gibt die weichen, nur leicht gebogenen und gefurchten »Larvenfrüchte«, die stark gebogenen, mit gekrümmten Höckern besetzten »Hakenfrüchte« und die kahnförmigen »Windfrüchte«, und dazu alle möglichen Zwischenformen, auf jedem Blütenboden eine Versammlung der abenteuerlichsten Figuren – übrigens wieder einer der Fälle, in denen uns erst die Lupe alles zeigt, was es da zu bestaunen gibt.

Die Heterokarpie finden wir auch bei der Acker-Ringelblume *(Calendula arvensis),* die ebenfalls aus dem Mittelmeergebiet stammt und schon sehr früh, wahrscheinlich mit dem Weinbau, nach Norden gewandert ist. Sie war in den Weinbergen verbreitet, ehe auch diese industrialisiert und ihre Begleitpflanzen weggespritzt wurden. Heute gehört die Acker-Ringelblume zu den bedrohten Pflanzen; vielleicht möchte sie jemand deshalb in seinen Garten holen. Samen gibt es bei Wildpflanzengärtnern.

Daß wir bei den Staudengärtnereien nicht gerade jede beliebige, aber doch Tausende von Pflanzenarten einfach so ordern können, und nicht jahrelang sehnsüchtig danach fahnden müssen, ist eine zweimal im Jahr sich erneuernde Gärtnerfreude: Da kommen die Pakete, »Vorsicht, lebende Pflanzen!« steht darauf, und in den nächsten Wochen ist es wieder so weit. Wer noch nicht bestellt hat, müßte sich jetzt eilen.

Was wir da in der Regel geliefert bekommen, sind Jungpflanzen in Töpfen. Wenn wir diese oft noch sehr zarten Geschöpfe gleich dort ansiedeln, wo sie künftig leben sollen, dann kann es leicht geschehen, daß wir sie vergessen oder übersehen und daß ihnen die Zuwendung entgeht, die sie jetzt noch brauchen. Deshalb pflanze ich höchstens die großen und robusten Stauden gleich an den vorgesehenen Platz – alle anderen werden ausgetopft und an einer halbschattigen Stelle nebeneinander ausgepflanzt: ein Kindergarten. Nur hier kann ich ohne große Mühe sehen, wie sie sich weiterentwickeln, nur hier kann ich sie vor der Gefräßigkeit der Schnecken und Asseln behüten oder die Fäulnis bekämpfen, die sich manchmal durch die Enge bei Anzucht und Versand gebildet hat. Bis zur nächsten Pflanzzeit sind sie dann genügend erstarkt, haben kräftiges Wurzelwerk entwickelt und nehmen das Umpflanzen durchaus nicht übel, sondern reagieren oft sogar freudig darauf. Manche Enttäuschung über nicht angegangene Neulinge läßt sich mit diesem »Kindergarten« vermeiden.

Wenn uns im Frühjahr, drinnen oder draußen, die eine oder andere Aussaat mißlingt, dann kann das daran liegen, daß es sich um sogenannte »Frostkeimer« handelt; das sind Pflanzen, deren Samen einen Temperaturschock brauchen, um zu keimen. Wir müssen sie also schon im Herbst aussäen oder ihnen den erweckenden Schock im Kühlschrank zufügen – aber nicht im Gefrierfach, denn die Bezeichnung »Frostkeimer« ist irreführend: Es kommt auf den *Wechsel* der Temperatur an und nicht darauf, daß der Same wirklich einfriert; um ihn keimfähig zu machen, genügt es also, ihn (in feuchtem Papier und durch einen Folienbeutel vor dem Austrocknen geschützt) für ein oder zwei Wochen der normalen Kühlschranktemperatur auszusetzen. Aber wir können solche Samen natürlich auch jetzt noch im Freien aussäen, wenn der Boden nicht gefroren ist.

Der Wildpflanzengärtner Wolfhard Lau hat in seinem Katalog dankenswerterweise einmal die Arten seines reichhaltigen

Sortiments gesondert aufgeführt, die die Kälte brauchen. Er nennt sie, mit Recht, *Kalt*keimer. Viele Alpenpflanzen zählen dazu – für sie ist es ja lebenswichtig, daß sie nicht auskeimen, bevor der Winter vorüber ist.

Aber wir finden auf der Liste auch andere Pflanzen: Tollkirsche, Sumpfdotterblume, Maiglöckchen, Lerchensporn, Mädesüß, Holunder – und den Klappertopf *(Rhinanthus)*, von dem Wolfhard Lau zwei Arten anzubieten hat: den Zottigen Klappertopf *(Rh. alectorolophus)* für kalkreiche, warme, trockene Standorte, und den Kleinen Klappertopf *(Rh. minor)*, der es gerne feucht und möglichst sauer hat, mindestens aber neutral und kalkfrei.

Alle Klappertöpfe (es gibt noch mehrere Arten und dazu zahlreiche schwerbestimmbare Unterarten und Rassen) sind Halbschmarotzer, sie haben zwar grüne Blätter und betreiben Photosynthese, aber Mineralien und Wasser holen sie mit Hilfe kugeliger Saugwarzen aus den Wurzeln von Gräsern, die ihnen als »Wirtspflanzen« dienen. Bei mir waren Aussaat und nachfolgende Selbstaussaat erfolgreich; freilich muß man, da der Klappertopf einjährig ist, darauf achten, daß man das Wiesenstück, auf dem er wächst, nicht vor der Samenreife mäht – und Samenreife heißt, daß die Samen in den ährig angeordneten rundlichen Kapseln hörbar rascheln, wenn man daran rüttelt. Daher der Name Klappertopf.

Im Prospekt wird der Klappertopf als »sanfter Graskiller« gerühmt; er soll die Gräser im Laufe der Jahre zurückdrängen. Ich bin da skeptisch und warne vor falschen Hoffnungen: Nach meinen Erfahrungen im Garten und nach meinen Beobachtungen in einem kleinen Moor, wo der Klappertopf Jahr für Jahr die nassen Wiesen gelb sprenkelt, hat man sich eher um die Fortexistenz der Klappertöpfe als um das Wohlergehen der Gräser zu sorgen – von »killen« kann (und sollte ohnehin) nicht die Rede sein. Weshalb es vielleicht auch besser ist, die Klappertopf-Samen nicht auf einer schon bewachsenen Grasfläche auszubringen, sondern sie, wie der englische Gartenautor John Stevens in seinem Wildgartenbuch empfiehlt, zusammen mit Grassamen auszusäen.

Großer Klappertopf

Über Jahre hinweg wurden im Katalog eines englischen Samen-
händlers (und nur dort) die Samen der Echten Alraune angeboten – und nun, da ich sie endlich bestellen wollte, folgt der
»Maple« unmittelbar auf die »Mandevilla«, die »Mandragora«,
die Alraunenwurzel, gibt es nicht mehr. So etwas ist bitter, und
auf diese Weise verlängert sich die Liste der Pflanzen, die man
immer schon haben wollte, aber nie bekommen hat.

Fast noch bitterer: wenn man von einer Pflanze, die
man schon immer haben wollte (in meinem Fall vom Sibi-
rischen Ginseng), immer wieder Samen bekommt und diese sich trotz bester Behandlung hartnäckig weigern zu keimen. Da der Sibirische Ginseng wirklich gegen alles und
alles helfen soll, habe ich ihn auch in diesem Jahr wieder
ausgesät.

Derselbe Samenhändler, der den Ginseng hat und die Alraune
nicht mehr, belieferte mich Jahr für Jahr mit den Samen einer
ganz besonderen Gurke. Sie trug den Sortennamen »Patio Pik«
und zeichnete sich dadurch aus, daß sie ihre Früchte nicht an
langen, schwer zu bändigenden Trieben erzeugte (wie andere
Gurken), sondern immer aus der Mitte heraus, eine nach der

anderen, schier zwanzig oder dreißig in einer Saison, und das sogar in einem Container.

Auch »Patio Pik« hat sich grußlos davongemacht, doch gibt es noch eine andere Gurkensorte mit diesen praktischen Eigenschaften. Auch der Liebhaber der Erbsensorte »Bikini«, der sie im neuen Katalog vergeblich sucht, bleibt nicht ungetröstet, sondern liest: »Forget Bikini, welcome Twiggy. Twiggy is much, much better!« – Sie hat nämlich, ähnlich wie die verschollene »Bikini«, ihre Blätter fast alle in Ranken umgewandelt, mit denen sich die Pflanzen in der Reihe derart stützen, daß man keine Reiserzäune zu bauen braucht.

Was lehrt uns dies alles? Daß wir mehrere Samenlieferanten brauchen, denn jeder von ihnen hat etwas, was die anderen nicht haben; daß wir die Kataloge sehr gründlich auf Neuaufnahmen und Neuzüchtungen durchsehen müssen und daß wir dann nichts, was uns interessiert, auf die lange Bank schieben dürfen – es könnte schon bald wieder verschwunden sein.

Vierter Gang

Wie alt die Dächer des Schuppens sind, weiß ich nicht, aber ich denke, daß die ehrwürdigen Moospolster darauf Jahrzehnte gebraucht haben, um zu solch dichten Kissen heranzuwachsen. Eine eigenartige Anziehungskraft geht von ihnen aus: Vielleicht sind es Kindheitserinnerungen, die uns schon beim bloßen Anblick nachempfinden lassen, wie es sich anfühlt, darin zu liegen, und die uns verlocken, ersatzweise wenigstens mit der Hand über die Polster zu streichen, vielleicht auch vorsichtig eines abzulösen und mit ins Haus zu nehmen, während wir, wieder einmal, davon träumen, einen kleinen japanischen Teegarten anzulegen, in dem sich kugelige Moos-Kissen zwischen den flachen Trittsteinen wölben.

(Zwischenbemerkung über »exotische« Gärten: In einem Antiquariat fand ich ein holländisches Buch, eigentlich zwei Bücher in einem – eine kurzgefaßte Geschichte der Gartenkunst von Mesopotamien bis zur Gegenwart, und dazu Anleitungen, wie man jeden der historischen Gartentypen »übersetzen«, also modellhaft in einem kleinen Garten verwirklichen kann, mit den dazu passenden Pflanzen. Es ist viel weniger Künstlichkeit dabei, als man auf Anhieb fürchten möchte, denn außer den historischen Formen sind ja auch die lebenden Pflanzen als gegenwärtige Gestalten daran beteiligt; da können wohl Stimmungen und Bilder entstehen, die uns sehr deutlich empfinden lassen, daß auch andere Auffassungen vom Garten als die uns geläufigen ihr Daseinsrecht haben – und warum dann nicht auch in der Form des historischen Zitats?)

Die samtigen Moospolster auf dem Dach ernähren sich von nichts als Staub und Regen, der lange festgehalten wird; dunkel und tief erscheinen sie durch die lose Fügung der ineinanderverhakten Moospflänzchen, aber bei manchen Arten wird dieses tiefe Grün durch einen silbrigen Schimmer oder durch ein fast goldenes Leuchten aufgehellt – in beiden Fällen ist Lichtbrechung durch *Luft* die Ursache: Unter dem Mikroskop kann man erkennen, daß es neben den von Blattgrün erfüllten Zellen auch solche gibt, die nur Luft enthalten.

Noch anspruchsloser als die Moose sind die Flechten, und nicht selten findet man beide als Lebenspioniere beieinander, wie zum Beispiel auf Steinen, die immer wieder vom Wasser überspült werden. Freilich vermögen längst nicht alle Arten den Schmutzfrachten von Luft und Wasser zu trotzen, viele sind deshalb selten geworden oder ausgestorben.

Die Flechten und Moose auf dem Dach des Schuppens sollen Gesellschaft bekommen: Zwar ist nicht ausgemacht, ob die Dachwurz *(Sempervivum tectorum)* wirklich vor Blitzschlag schützt – aber man kann es ja versuchen. Hie und da werden wir also eine dickfleischige Dachwurz-Rosette unter den Rand einer Dachpfanne klemmen; schon nach wenigen Monaten werden die Wurzeln sich festen Halt verschafft haben. Wer größere Kolonien seßhaft machen und nicht darauf warten will, daß sie nach und nach als Horden von Ausläufern heranwachsen, der hilft sich am besten mit einem Netz aus engmaschigem Draht, der die Gruppen festhält und schon im nächsten Sommer überwuchert sein wird.

Dach und Dachwurz werden die Werkstatt des Gärtners behüten und vielleicht bald auch einen kleinen quadratischen Raum mit einem großen Fenster nach Süden, nur dem Nachdenken gewidmet, mit keiner anderen Einrichtung als einer Matte zum Sitzen, vor dem Fenster vielleicht ein schöner Strauch – ich denke an eine Schlehe: Im Vorfrühling fällt der Blick auf die zahllosen kugeligen Knospen, die mit einem weißen Punkt in der Mitte die vor den Blättern erscheinende Blütenwolke ankündigen und uns damit das Warten erleichtern; im Sommer freuen wir uns am lebhaften Grün, im Herbst am bräunlichen Gelb der Blätter, und im Winter fesselt uns das Strichbild aus den geraden Linien der Zweige und Dornen, darin schwebend die blauschwarzen Punkte der Früchte – falls wir diese nicht nach den ersten Frösten für einen Schlehengelee geerntet haben.

Von den unzähligen *Sempervivum*-Arten wird nur die »eigentliche«, seit mehr als tausend Jahren auf Dächern und Mauerkronen lebende Dachwurz den Schuppen beschirmen. Für die anderen Arten und Bastarde und Sorten und Rassen habe ich mir, um die Übersicht zu behalten, Blumentopfpyramiden ausgedacht; in eher magerer Erde wachsen die Sem-

Schlehe

perviven dort ohne jede Pflege über die Etagenränder kaskadenartig nach unten, und Jahr für Jahr kann man vom Nachwuchs der jungen Rosetten Dutzende abnehmen, um neue Topfpyramiden damit zu bepflanzen, gern gesehene Mitbringsel sowohl für Gärtner als auch für jene, die nur eine sonnige Fensterbank haben, auf der die Kolonien jahrelang gedeihen, wenn man sie sparsam genug (nämlich fast gar nicht) begießt.

Den Gänsen haben wir nun als Weideland den abseits gelegenen Obstbongert zugewiesen. Für ihre Aufseher-Rolle ist das zwar kein sonderlich günstiger Platz, aber es hatte sich ohnehin gezeigt, daß die schönen Tiere in der antiken Sagenwelt unbewandert sind – jedenfalls verhalten sie sich nicht so, wie sich Gänse zu verhalten haben, deren Vorfahren man als Retter des Kapitols rühmt: Sie bleiben vollkommen ruhig, wenn jemand auf den Hof kommt, und zetern erst los, wenn er wieder wegfährt. Dann müssen sie eben den Rasen mähen und Eier legen, und für die Abwehr unerbetener Gäste gibt es inzwischen eine Hecke um das ganze Grundstück herum, die nur eine einzige Zufahrt freiläßt.

Die Hecke ist noch nicht dicht, aber sie wird es werden, denn die Naturschutzbehörde zeigte sich äußerst generös: Im Rahmen des Projektes »Wiedereingrünung von Höfen« spendierte sie achthundert Jungpflanzen der verschiedensten Gehölze – und gar nicht einmal kleine Pflanzen. Wir haben sie in drei Reihen gesetzt, manchmal nach dem Zufall bunt gemischt, manchmal auch ein paar Meter der gleichen Art – Ahorn, Schlehdorn, Holunder, Hasel, Hundsrose, Pfaffenhütchen und einige andere. Drei oder vier Meter breit und ganz undurchdringlich soll die grüne Mauer werden.

Europäisches Pfaffenhütchen

Freilich ist noch nicht sicher, wie die jungen Pflanzen mit den Giftschwaden fertig werden, die von den gleich angrenzenden Feldern herüberziehen. Da wird Mais angebaut, wozu bekanntlich üppige Mengen von Herbiziden nötig sind, und neuerdings Ackerbohnen, bei denen die Herbizide zwar nicht nötig sind, aber trotzdem gespritzt werden. Das mindeste, womit wir wohl rechnen müssen, wenn der Wind beim Spritzen für uns ungünstig weht, sind qualvoll verbogene junge Triebe, die so aussehen, als hätten sie den Giftschwaden ausweichen wollen.

Hier von »Qual« und »Ausweichen« zu sprechen, heißt natürlich, Seelen- und Willensregungen und damit ein Bewußtsein vorauszusetzen, von dem wir hoffen dürfen, daß die Pflanzen nicht darüber verfügen – sonst wäre jeder Wochenmarkt eine gräßliche Tragödie, mit all den halbtoten Möhren und der amputierten Petersilie. Um so erstaunter ist man dann, wenn man eine solche »grenzüberschreitende« Benennung in einem wissenschaftlichen Aufsatz findet:

Die englischen Botaniker Slade und Hutchings berichteten vor einiger Zeit im ›Journal of Ecology‹ über ihre Forschungen am Wuchsverhalten des Gundermanns *(Glechoma hederacea)* und schrieben, der Gundermann »weide« die Umgebung seines Standortes ab. Damit war folgendes gemeint:

Der Gundermann vermehrt sich nicht nur durch Samen, sondern auch durch lange Ausläufer, aus denen in Abständen neue Pflanzen entspringen. Slade und Hutchings experimentierten mit genetisch identischen Gundermannpflanzen und fanden heraus, daß die Individuen, die in nährstoffreichen Boden gesetzt worden waren, nur kurze, dabei aber reich verzweigte Ausläufer bildeten und sich üppig entwickelten; sie nutzten also das Nahrungsangebot ihres Standortes intensiv aus. In armem Boden hingegen waren die Ausläufer sehr lang, die Verzweigungen spärlich und die Pflanzen selber deutlich schwächer, weil sie einen großen Teil ihrer Kraft für die Bildung der langen Ausläufer brauchten, mit denen sie so schnell wie möglich von ihrem Standort wegzukommen trachteten.

Bei der bildlichen Redeweise bleibend, können wir dies als das Ergebnis einer Art von »Entscheidung« beschreiben; denn für die Pflanze im armen Boden gäbe es noch die Alternative, auf Ausläufer zu verzichten, dafür mehr Blüten zu entwickeln und auf diese Weise eine vielleicht sogar mehr Erfolg versprechende Eroberung neuer Areale durch ausgestreute Samen zu versuchen.

Das »weidende« Kriechen des Gundermanns, so schreiben die englischen Autoren, sei eine »Strategie«, mit der der Gundermann nicht nur ergiebige Gegenden erreichen, sondern auch dem Konkurrenzdruck anderer Pflanzenarten entkommen könne.

Wo immer solche Strategien und Verhaltensweisen so be-

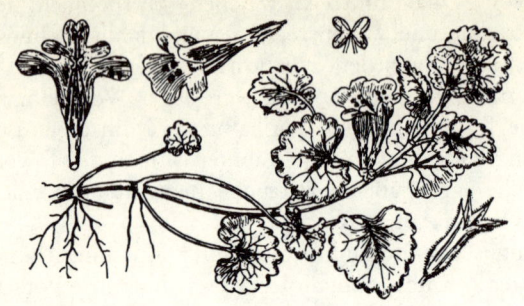

Gundermann

nannt werden, als liege ihnen die Entscheidung zu einer gewollten Aktivität zugrunde und als sei die Pflanze ein handelndes und nicht nur bewußtlos reagierendes Wesen, da verwischt der Redende die Grenzen der Lebensreiche – und konstatiert damit zugleich ihre untergründige Verflochtenheit. *Hier,* und nicht im Spekulieren über Seelen- und Willenskräfte der Pflanze, liegt die Bedeutung solcher Analogien: Auf dem Hintergrund aller Lebensvollzüge werden allgemeine Prinzipien, gleichsam Gesten des Lebens, sichtbar. Der »weidende« Gundermann, der sich bemüht, einen neuen Lebensraum zu erreichen, läßt uns etwas ahnen davon, daß allen Lebensphänomenen gemeinsame Muster zugrunde liegen. Mit der Natur verständig umzugehen, heißt auch, solche Muster aufzuspüren, wahrzunehmen und sie als Hinweis auf tiefere Zusammenhänge zu sehen – aber *auch* zu sehen, daß solche Muster auf sehr unterschiedliche Weise verwirklicht werden. Ein Gundermann ist keine Kuh, und wenn unsere Heckenpflanzen sich »quälen« müssen, dann sehen wir ein erschütterndes Bild, sollten aber den Unterschied zwischen Pflanze und Tier nicht ganz verwischen.

Die neuen Plattenwege im Gemüsegarten zu verlegen wird nicht nur Geld kosten, sondern auch Platz. Aber das ist ein Opfer, das sich lohnt: Man *muß* die Schubkarre standfest abstellen können, und es ist besser, etwas weniger Beetraum zu haben, diesen aber von allen Seiten trockenen Fußes erreichen zu können – statt größerer Flächen, die verkommen, weil sie außer Reichweite liegen.

Fast alle Klostergärten und Bauerngärten, deren Reize man wiederentdeckt hat, sind nach diesem Prinzip entworfen. Wegen der klaren Gliederung und der vielen Wege kamen sie mit vergleichsweise kleinen Gesamtflächen aus: Der berühmte Garten des Klosters St. Gallen hatte nach dem Plan aus dem Jahre 820 einen Kräutergarten *(herbularius)* von hundert Quadratmetern und einen Gemüsegarten *(hortus)* von vierhundertundvierzig Quadratmetern, alles in regelmäßig rechteckiger Anordnung. Die Gartenfläche, über die der Bruder Gärtner gebot, war also kaum doppelt so groß wie ein heutiger Reihenhausgarten – vielleicht ein Trost für jene, denen ihr Garten zu klein ist. Allerdings vermutet der Gartenhistoriker Wolfgang Sörrensen, daß das kommunere Gemüse außerhalb der Klostermauern und nur die feinere Mönchskost drinnen kultiviert wurde.

Natürlich ist im kleinen Garten Verzicht nötig, weise Beschränkung, wie man so leichthin sagt – aber wie schwer ist es, weise zu sein. Sollen wir denn, zum Beispiel, die siebzehn Sal-

Große Fetthenne

bei-Stecklinge aus dem vorigen Jahr weise wegschenken, oder wäre es nicht viel schöner, wenn wir, wie die St. Gallener Ordensmänner, ein ganzes Salbeibeet haben könnten, damit wir mit den so heilkräftigen wie würzigen Blättern in der Küche ausschweifend umgehen könnten? Junge Triebe, mit Mehl bestäubt (oder gar, wie bei Gottfried Keller im ›Fähnlein der sieben Aufrechten‹, in Eierteig gewälzt) und dann in Butter ausgebacken – davon kann man gar nicht genug haben.

In einem gerade neu erschienenen Gartenbuch fand ich den Hinweis, man könne die Große Fetthenne *(Sedum telephium),* wenn das aus ästhetischen Gründen erwünscht sei, niedriger halten, indem man sie im Frühjahr ausgräbt, ihr fleischiges Wurzelwerk stark zurückstutzt und sie dann wieder einpflanzt.

Das mag wohl sein, und ich weiß auch, daß es manche andere gärtnerische Prozedur gibt, die noch viel »grausamer« erscheinen könnte als diese Amputation. Gleichwohl empfinde ich es als widerwärtig, eine Pflanze so zu malträtieren, nur um ihren Wuchs zu zügeln. Es ist etwas von Freude am Schaden darin – und das bei einer treuen Begleiterin, die noch auf dem trockensten Boden unverdrossen ihre kräftigen Triebe mit den Blättern heranwachsen läßt; im Spätsommer setzt sie violette Blütendolden auf, die über den Winter hin als Trockensträuße den Garten beleben, während unten am Stock schon graugrüne kugelige Rosetten den neuen Trieb des nächsten Jahres ankündigen. Die Fetthenne ist eine rechte Trostpflanze und kann in ihrer Anspruchslosigkeit sogar den Balkongärtner erfreuen, denn sie gedeiht noch im engsten Blumenkasten, mit keinem anderen Bedürfnis als dem, daß man sie in Ruhe läßt.

Im Lindenhof-Garten sind die Schößlinge jetzt schon so hoch, daß wir sie ernten können. Die jungen Blätter liefern eine aparte Beigabe zum Salat. Ist das nun auch eine grausame »Amputation«? Ich denke, Ernten ist etwas anderes.

Eigentlich müßten jetzt die Päonien blühen. Daß sie es nicht tun, liegt am Giersch: Er hatte die alten Stöcke so durchsetzt, daß sie herausgenommen, von den Gierschwurzeln befreit und anderswo (das ist wichtig!) wieder neu gepflanzt werden mußten. Leider sind Päonien nach dem Umpflanzen lange beleidigt; frühestens im nächsten Jahr wird wieder mit Blüten zu rechnen sein, und richtig bei Laune werden sie erst wieder in drei, vier Jahren sein; fünfzehn Jahre sollten sie ruhig am selben Platz bleiben.

Beim Umsetzen staunt man dann über das Wurzelwerk, das sich in einer solchen Zeit gebildet hat: dicke braune Stränge, die einander verdrängt, sich aber auch miteinander arrangiert haben; für Erde ist kaum mehr ein Spalt dazwischen frei. Ganz vorsichtig versucht man die Stränge zu entwirren, mit möglichst wenig Schnitten einzelne herauszuheben, bis sich das Ganze lockert und lichtet – und dann weiß man kaum, wohin

Pfingstrose

mit so viel Päonienbrut. Man sollte sie verschenken, wenn man eine Möglichkeit sieht, auf diese Weise den Päonien neue Freunde zu gewinnen.

Am meisten liebe ich die ganz einfache, ungefüllte, an den Südhängen der Alpen heimische »Bauernpfingstrose« *(Paeonia officinalis)* mit ihren roten Blütenschalen und gelben Staubgefäßen. Aber ich verstehe gut, daß sich die Züchter mit dieser seit Jahrhunderten kultivierten Pflanze befaßt haben, wie auch mit der aus China stammenden »Edelpäonie« *(P. lactiflora)*: Da sind Blütenwunder entstanden, die man behutsam ins Zimmer trägt, in eine Schale mit Wasser legt und zu bestaunen nicht müde wird.

Außer ihren luftig-wässerigen Blüten haben die Päonien noch eine Sehenswürdigkeit zu bieten, im Frühjahr: rötliche, glänzende Triebspitzen, die von Tag zu Tag größer werden und in ihrer kräftigen Starrheit herrisch wirken, bis sie anfangen, zu vergrünen und sich als ledrige, tief eingeschnittene Blätter zu entfalten. Am schönsten ist es, wenn die roten Schäfte aus einem Teppich weißer Anemonen aufsteigen.

Was aber den Giersch angeht, dessentwegen ich die Päonien umpflanzen mußte, so hat er sich inzwischen noch anderwärts zur Stelle gemeldet: unter der alten Weißdornhecke – und wie ich ihn von dort vertreibe, weiß ich noch nicht. Wer mir aber sagt, ich solle ihn doch stehenlassen, dem zeige ich dann nur das Foto eines einstmals schönen Schloßgartens, den er sich ganz und gar erobert hat – er ist und bleibt ein Wüstling, den man des Landes verweisen muß.

Die Mahnung, nie mehr von »Unkräutern«, sondern nur noch von »Wildpflanzen« zu sprechen, halte ich für schlichten Unfug: Es *gibt* Pflanzen, die im Garten oder in anderen Kulturen einfach fehl am Platz sind und sich mit einer solchen Beharrlichkeit gegen alle anderen Pflanzen durchsetzen, erstickend, abtötend, daß wir sie bekämpfen müssen. Der Giersch gehört dazu und leider auch die schöne Zaunwinde, mit der es so sanft anfängt und so mörderisch endet. Das Drama beginnt, just in diesen Wochen, mit einem geradezu rührenden Prolog: Zaghaft steigen fingerlange, feine Sprossen aus der Erde, die mit wenigen kleinen, rundlich herzförmigen Blättern besetzt sind und nach oben in eine dünne, schüchtern herabgebogene Spitze auslaufen – ein elfenhaft zartes Frühlingswunder, vor dem sich der Unkundige bewundernd verneigt. Der leidgeprüfte Gärtner aber erkennt daran, daß alle Mühe des vorigen Jahres doch umsonst war: Von den verwünschten weißen Wurzeln der Zaunwinde *(Calystegia sepium)* sind trotz aller Sorgfalt so viele im Boden geblieben, daß ihm wieder nur die Wahl zwischen zwei gleichermaßen unerquicklichen Möglichkeiten bleibt.

Entweder nämlich muß er, vom heutigen Tage an, jedes Elfenwesen, sobald es sich zeigt, bis zu den Füßen freilegen, also bis zu der Wurzel, aus der es entspringt, und dann muß er möglichst viel von dieser meterweit kriechenden Wurzel aus dem Boden zu scharren versuchen. Kreuz und quer durchwühlt er ganze Beete und fördert einen großen Haufen dicker Schnüre zutage, aber aus jedem kleinen Bruchstück, das er übersieht, kann wieder eine Zaunwinde entspringen. Leider sind die Zeiten vorbei, da man die Wurzeln, weil sie ein abführend wirksames Harz enthalten, als Medikament nutzte. Heute läßt sich

Zaunwinde

kein Gewinn mehr aus der reichen Ernte ziehen, vielmehr kostet die Zaunwinde den Gärtner Zeit und Nerven.

Die andere Möglichkeit, die er wählen kann, besteht darin, daß er seine Augen vor dem Kommenden verschließt und dem Drama seinen Lauf läßt. Dann wird sich jedes der charmanten Elfchen mit den gesenkten Köpfchen binnen kurzem in eine unerbittliche Schlange verwandeln, wird sich mit den anderen zu gewundenen Schnüren vereinigen und, wo es nichts zu umgarnen gibt, auf dem Boden weiterwandern, immer auf der Suche nach Kartoffelstauden, Bohnenstangen, Brokkolipflanzen, Buchsbaumbüschen oder irgend etwas anderem, was Halt gibt auf dem Weg nach oben. Ein Trieb legt sich um den anderen, und Jahr für Jahr werden die Grenzen des Windenreiches erweitert, denn zugleich wachsen im Boden ganze Wurzelnester heran, aus denen im nächsten Frühjahr wieder die trügerisch zarten Elfen emporsteigen werden.

Bei uns hatte die Zaunwinde im vorigen Jahr die Johannisbeersträucher mit einer dicht verflochtenen Decke umhüllt, die sich dann im Juli und August mit großen weißen Blütenkelchen schmückte; der Besuch lobte ahnungslos die Pracht, als hätten wir es darauf angelegt, der Zaunwinde einen großen Auftritt zu bereiten. An die Johannisbeeren zu kommen, die unter dieser Decke heranreiften, erwies sich als schwierig, nicht nur für uns, sondern auch für die Wacholderdrosseln, von denen sonst eine ganze Bande Jahr für Jahr die Ernte fühlbar dezimiert hatte.

Trotz dieses Nutzens und trotz der weißen Blüten – die zu den größten der einheimischen Flora gehören – soll den Zaunwinden in diesem Jahr das Gastrecht aufgekündigt werden. Ließen wir sie gewähren, dann würde uns bald ringsum nichts anderes mehr blühen als eben Zaunwinden.

Klug geworden durch frühere Fehlschläge will ich freilich nicht mehr versuchen, die Wurzeln auszuklauben, sondern habe meine Zuflucht zu Zeitungen genommen: Bis möglichst nahe an die Füße der Johannisbeertriebe wurde der Boden mit fingerdicken Zeitungslagen abgedeckt, darüber kam eine dünne Erdschicht, erstens der Schönheit wegen und zweitens, damit der Wind die Zeitungen nicht fortträgt. Solche Papierschichten sind immer noch das beste Mittel gegen Dauer-Unkräuter aller Art. Läßt man sie ein Jahr lang liegen, womöglich anderthalbe, dann kann man ziemlich sicher sein, daß alle Wurzeln sich bei dem vergeblichen Versuch, mit eilig hervorgebrachten Trieben das Licht zu erreichen, verausgabt haben und nicht mehr imstande sind, sich zu erholen, wenn wir die Zeitungen wegnehmen.

Schwarze Folien und perforierte Mulchfolien tun denselben Dienst, sind aber weniger widerstandsfähig gegen harte Triebspitzen oder herabfallende Äste. Zwei Zentimeter Zeitung bleiben absolut undurchdringlich, selbst wenn es sich um liberale Blätter handelt. Wer einmal auf diese Weise ein Stück urbar gemacht hat, auf dem zuvor nur noch Ampfer, Meerrettich oder Giersch wuchs, der wird die Methode zu schätzen wissen.

So vieles blüht in diesen Wochen, daß wir uns manchmal fragen, was denn für den Rest des Gartenjahres überhaupt noch bleibt. Aber da ist ja noch all das, was wir auf sämtlichen verfügbaren Fensterbänken herangezogen haben und jetzt auspflanzen können.

Wie immer haben wir zu dicht gesät und wissen kaum, wohin mit all den Sämlingen. Wir verschenken Dutzende oder Hunderte – und bekommen Dutzende oder Hunderte geschenkt, so daß unterm Strich alles beim alten bleibt. Eine Zeitlang kultivieren wir den Überschuß noch weiter in Kistchen und Töpfen, was wegen möglicher Ausfälle nach den Pflanzung manchmal wirklich von Vorteil ist. Schließlich bleibt nur noch: der Komposthaufen.

Was in der freien Natur seinen Sinn hat – die Überfülle der Keimpflanzen als Voraussetzung für das Überleben einiger weniger – bedeutet bei der Gartenkultur nur Abfall. Wer nicht ganz abgebrüht ist, zögert lange, ehe er sich ins Unvermeidliche schickt. Wer aber abgebrüht ist, der sollte sich erst recht vergegenwärtigen, daß es lauter lebenskräftige junge Pflanzenwesen sind, jedes einzelne bereit und imstande, mit nichts anderem als etwas Erde und Sonne die Entfaltung zum erwachsenen Geschöpf zu leisten; er sollte die kleinen Pflanzen also wenigstens nicht auf den Komposthaufen werfen, sondern legen. Macht das denn einen Unterschied? Ja.

Den Sämlingen der Gewürzpflanzen kann ein besseres Schicksal bereitet werden: Sie haben ja schon im jugendlichen

Zustand ihr arteigenes Aroma und dürfen in der Küche enden. Zum Beispiel die kleinen Korianderpflanzen, die noch die rundlichen, ungefiederten Grundblätter zeigen, während die später erscheinenden Stengelblätter mehrfach gefiedert sind. Freilich mögen viele, die den Koriander kennen, mit Entrüstung reagieren auf das Ansinnen, seine Blätter in die Suppe zu streuen oder an den Salat zu geben. Denn Korianderblätter stinken, wie in allen Botanikbüchern nachzulesen ist, ganz ekelhaft nach Wanzen. Für den, der nicht weiß, wie Wanzen riechen: Sie riechen nach Koriander.

Ich mag den Duft. Und nicht nur ich allein: Allenthalben in nah- und fernöstlichen und in lateinamerikanischen Küchen wird Koriandergrün benutzt. Die Portugiesen bereiten eine schlichte Suppe, indem sie Korianderblätter, Knoblauch und Salz im Mörser zerreiben und Olivenöl verrühren, dann kochendes Wasser darübergießen und altes Weißbrot hineinbrökkeln; pochierte Eier veredeln den würzigen Brei. Ein Inder berichtete mir einmal, in seiner Heimat seien zerriebene junge Korianderpflänzchen unentbehrlicher Bestandteil der »Masala«, einer Grundsauce für Gemüse und Fleisch. Und eine weitgereiste Biologin aus Bonn wußte zu erzählen, daß sie dem Koriander in Mexiko als »Cilantro« in Suppen und Tortillas begegnet sei; in Bonn fand sie einen vietnamesischen Spezialitätenhändler, der die Korianderpflanzen im Sommer aus Paris, im Winter aus Bangkok bezieht.

Das wäre nicht nötig, denn Koriander läßt sich übers ganze Jahr am Fensterbrett ziehen. Wenn wir genug davon aussäen, dann können wir – nach dem mexikanischen Rezept, das die Biologin mitgebracht hat – eine »Guacamole«, eine Avocado-Creme, bereiten, indem wir reife Avocados, Korianderblätter, Knoblauch und Peperoni oder Chilis mit Salz zerstampfen oder im Mixer pürieren.

Mich erinnert der eigenartige, dumpf-würzige Geruch der Blätter an den der Samen vom Bärenklau (Heracleum) – und an einen früheren Nachbarn, dem ich Jahr für Jahr diese Samen unter die Nase hielt, immer hoffend, er werde sie eines Tages doch so wohlduftend finden wie ich. Hartnäckig blieb er dabei: das sei kein Duft, sondern ein Gestank.

Was die Düfte angeht, gibt es immer wieder Uneinigkeit.

Dem einen gilt als höllische Ausdünstung, was der andere als himmlischen Wohlgeruch preist. Da für die Urteile in Geruchsfragen bekanntlich uralte Hirnteile zuständig sind, müssen unsere Empfindungen wohl tief in der Stammesgeschichte verankert sein. Man sollte also den, der den Gestank liebt, nicht als Banausen schelten – vielleicht hat er nur das längere Gedächtnis, wie jene Leserin aus Österreich, die mir schrieb, sie habe eine Schwäche für stinkende Pflanzen. Aus der schönen Liste, die sie mir schickte, nenne ich, nach dem wanzenduftenden Koriander (den man jetzt noch im Freien aussäen kann), einige anerkannt angenehme Düfte, und zwar die der Gattung *Origanum* aus der Familie der Lippenblütler.

Man hat inzwischen *drei* Gattungen daraus gemacht, so daß die Arten, je nach dem Alter der Bücher, in denen man nachschlägt, unter ganz verschiedenen Namen verzeichnet sind. Die bekannteste Art ist der Majoran, *Origanum majorana* bei Linné, heute *Majorana hortensis*.

Er kann jetzt draußen gesät werden, doch keimt er sehr langsam, weshalb es sicherer ist, ihn drinnen vorzuziehen – schließlich stammt er aus Nordafrika, wo er übrigens ausdauernd ist, während wir ihn nur einjährig kultivieren können. Der Majoran ist seit alter Zeit als Fleisch- und Wurstgewürz hochangesehen, aber sein süßlich-strenges Aroma kann ebenso die Suppen der Vegetarier vervollkommnen. In England brühte man die getrockneten Blätter als Kopfschmerz-Tee auf, und mit den frischen rieb man Holzmöbel ab, damit sie schön dufteten. Letzteres könnte man auch einmal mit anderen Kräutern versuchen – irgendein Weichholz-Schränkchen sollte sich dafür finden lassen, das dann still vor sich hin duftet und mit der Zeit eine grün-braune Patina bekommen wird.

Ich verzichte übrigens meist auf die mühsame Anzucht des Majorans und begnüge mich statt dessen mit seinem Verwandten, dem Dost *(Origanum vulgare)*. Er ist ausdauernd und kann schon gleich beim ersten Austrieb im April geerntet werden, braucht überhaupt keine Pflege, sondern, als Trockenrasenpflanze, mageren Boden und etwas Sonne. Es gibt davon zwei Unterarten und mehrere Varianten, wohl auch züchterische Auslesen, so daß es sich lohnt, Exemplare aus verschiedenen Herkünften zu beschaffen und im Vergleich zu entscheiden,

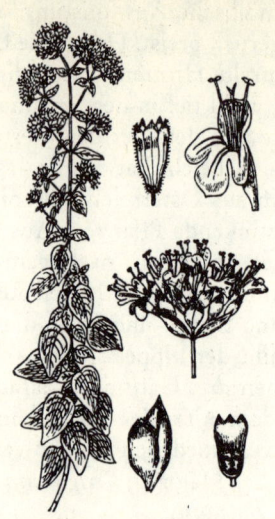

Gemeiner Dost

welche als die würzigste endgültig Quartier im Garten bekommt.

Daß der einheimische Dost bei uns als Würzpflanze geschätzt wird, ist ziemlich neu; früher nutzte man ihn vor allem für die durchwärmende Heilung aller Organe des Unterleibs. Es war der Siegeszug der Pizza, in dessen Verlauf der Dost zu Ehren kam – denn er ist nichts anderes als der »Oregano« der Italiener, der für die Pizza unentbehrlich ist. Nichts fügt sich so gut wie er zum Geschmack von Käse und Tomaten.

Der Geschmack ist dem des Thymians nicht unähnlich. Daß der gekaufte italienische Oregano manchmal etwas aromatischer und kräftiger zu sein scheint als der aus dem eigenen Garten, mag seinen Grund in Rassenunterschieden haben, kann aber auch damit zusammenhängen, daß die Würzkräuter, deren eigentliche Heimat warme und arme Böden sind, ihren Wohlgeruch nur ganz entfalten, wenn wir ihnen auch im Garten ein karges Beet bereiten und sie niemals düngen.

Viel wichtiger als Majoran und Dost sind mir zwei andere *Origanum*-Arten, die eine wegen ihres Aromas, die andere wegen ihrer Schönheit.

Origanum onites (neuerdings auch *Majorana onites*) hat keinen deutschen Namen, obwohl es schon vor vierhundert Jahren in europäischen Gärten gezogen wurde, nicht zuletzt wegen seiner Verwendbarkeit für niedrige Einfassungshecken. Es wird kaum höher als zwanzig Zentimeter, ist dabei dicht, aufrecht und anspruchslos. Je mehr man davon erntet, um so lebhafter treibt es durch – und die Ernte lohnt sich: *O. onites* schmeckt etwas schärfer als unser einheimischer Dost und bewahrt beim Trocknen mehr Aroma.

Für die andere *Origanum*-Art, den Diptamdosten *(O. dictamnus),* gibt es inzwischen einen neuen Gattungsnamen, er wird jetzt meist als *Amaracus dictamnus* geführt – *wenn* er geführt wird. Er ist schwer zu vermehren und deshalb schwer zu beschaffen.

Der Diptamdosten stammt, wie *O. onites,* aus Griechenland und genoß schon im Altertum einen besonders guten Ruf als Heilpflanze, vor allem bei Wunden. Plinius erzählt, daß angeschossene Tiere vom Diptamdosten fraßen, worauf der Pfeil von selber herausfiel und die Wunde heilte. Wunderschön sind die weißwollig behaarten, rundlichen und würzigen Blätter, und die ganze Gestalt ist so reizvoll, daß man den Diptamdosten vielerorts, vor allem in Tirol, als Zimmerpflanze gehalten hat; »Stubenhuckerle« hieß er dort, denn er ist empfindlich gegen Kälte. Aber es lohnt sich, denn er ist das schönste *Origanum,* auch wenn er ein *Amaracus* ist.

Die Zeit der Gänseeier ist wieder vorbei. Ein paar Wochen lang haben Adele und Marlene uns ihre imponierenden, allerdings meist schmuddeligen Eier dargebracht, als überreichen Lohn für Wiese und Wasser und dürftige Küchenabfälle.

Und dann diese Eier – unter herzergreifend anzusehender Anstrengung in einem Gemeinschaftsnest abgelegt und gleich mit Ästchen und Blättern zugedeckt. Wenn man sich dem Nest näherte, um die Eier wegzunehmen, dann eilte Adele heiser fauchend herbei. Offenbar mißbilligte sie den Übergriff, wertete ihn womöglich als frechen Diebstahl – und wäre vielleicht noch wütender geworden, wenn sie gewußt hätte, daß uns die Gänseeier zuviel Ei auf einmal sind, weshalb wir sie nicht essen, sondern verkaufen. Wollte Adele uns das zum Vorwurf machen, dann könnten wir freilich antworten, daß wir mit dem Geld einen neuen Gänseteich finanzieren werden.

Zweihundert Quadratmeter Wiese braucht eine Gans, also sind unsere zwei gerade genug, um die Obstwiese kurz zu halten. Aber nur für eine solche Art von Wiese eignen sich Gänse als Rasenmäher, denn da sie (bis auf Disteln, Ampfer und Brennesseln) wirklich alles fressen, würden sie die heute so gern propagierte wilde Blumenwiese binnen weniger Tage weggezupft haben.

Das ist schade – denn die wilde Wiese (deren Aussaat bis Juni erfolgt sein sollte) muß zweimal im Jahr gemäht werden, und das ist die größte Schwierigkeit, die sich der Verwirklichung des Wiesentraumes entgegenstellt. Ein normaler Rasenmäher erfaßt die hohen Stengel der Gräser und Pflanzen nicht, und mit einer Sense kann und mag nicht jeder umgehen. Genau dies aber ist die unerläßliche Vorbedingung. Pflegeleicht ist die wilde Wiese nicht – und auch nicht der Inbegriff von selbstverwalteter »Natürlichkeit«. Die Wahrheit ist, daß fast alle Wiesen, die wir draußen sehen, menschengemacht sind. Ihr Aussehen, ihre Artenzusammensetzung und überhaupt ihre Existenz verdanken sie dem Menschen und seinen jeweiligen Methoden der Bewirtschaftung und Beweidung. Überließe man eine Wiese ihrer natürlichen Entwicklung, dann wäre das Ergebnis nach wenigen Jahren ein dichtes Gestrüpp und nach einem Jahrzehnt ein junger Mischwald. »Sukzession« nennen die Pflanzensoziologen eine solche gesetzmäßige Abfolge, und eine Wiese kann nur dann eine Wiese bleiben, wenn die Sukzession durch ständige »unnatürliche« Eingriffe verhindert wird.

Und auch dies bleibt ein unerfüllbarer Wiesen-Traum: daß man den alten Rasen nach und nach in ein Blumenparadies verwandeln könne, indem man hie und da ein Fleckchen freilegt und darauf Wiesenblumen ansät. Daraus kann nichts werden, denn die Grasarten unserer Rasen sind ausgesucht robust und wuchsfreudig; spätestens nach einem Jahr haben sie die kleine Blumeninsel wieder zurückerobert.

Wer eine wilde Wiese haben will, kommt also nicht darum herum, den alten Rasen mit der Wurzelschicht abzuschälen, den Unterboden etwas aufzulockern und ihn dann mit viel, viel Sand mager zu machen – denn eine nährstoffreiche Erde begünstigt das Wachstum der Gräser, die dann schnell die Blütenpflanzen zurückdrängen. Aus dem gleichen Grund darf eine Wiese niemals gedüngt werden.

In den ausgemagerten Boden sät man die Samen aus den bunten Tütchen, die das Wiesenglück versprechen, und man tut gut daran, der Gebrauchsanweisung zuwiderzuhandeln, nämlich: die Blumensamen nicht, wie vorgeschrieben, mit zehnmal soviel Grassamen zu mischen, sondern genau umgekehrt zehnmal so viele Blumensamen wie Grassamen zu nehmen, und wer kühn genug ist, verzichtet überhaupt ganz auf den Grassamen, sät nur die Blumen aus und wartet, daß sich die Gräser von selbst einfinden, was sie unfehlbar tun werden, denn Gräsersamen fliegen den ganzen Sommer über durch die Luft.

Das Bild der Wiese, die so entsteht, wird sich von Jahr zu Jahr wandeln; viele der ausgesäten Pflanzen werden sich wieder verabschieden, weil ihnen die Lebensbedingungen am Standort nicht behagen, andere werden von irgendwoher hinzukommen. Uns bleibt, dem Wandel zuzusehen und: im Juli und im Oktober zu mähen. Mit der Sense!

Am liebsten esse ich Basilikum frisch gehackt über einen Teller Spaghetti gestreut, dazu nichts weiter als heiße Knoblauchbutter. Wer Basilikum gar nicht oder nur in der kraft- und saftlosen Erscheinungsform des gerebelten Trockengewürzes kennt, kann nicht ermessen, was mir im Juni die ersten frischen Blätter bedeuten. Den Geschmack würde ich am ehesten mit dem einer Mischung aus Schwarzem Pfeffer und Gewürznelken vergleichen – exotisch, kräftig, erwärmend.

Nur wenn wir die Pflanzen früh genug vorgezogen und Mitte Mai nach draußen gepflanzt haben, können wir jetzt vorsichtig ein paar junge Blätter ernten; dann sollten wir den Stock wieder eine Zeitlang in Ruhe lassen, denn in seiner Jugend wächst er zögernd, erst die Sommerwärme treibt ihn an. Das Aroma ist am feurigsten, kurz bevor die Blüten aufgehen, die je nach Rasse weiß, rötlich oder violett sind. In kälteren Gegenden empfiehlt es sich, das Basilikum am Fensterbrett in Töpfen zu ziehen und höchstens bei warmem Wetter ins Freie zu stellen. Wichtig zu wissen ist, daß die kleinblättrigen Sorten empfindlich, die großblättrigen etwas robuster sind.

Eigentlich ist das Basilikum nicht nur ein Würzkraut, sondern auch ein Heilkraut – aber merkwürdigerweise sind ja manche alten Heilkräuter, und nicht die schlechtesten, von den Heilkundigen einfach vergessen worden. Natürlich würde man heute bei einem Leistenbruch etwas anderes nehmen als Basilikum. Indessen hilft es ganz sicher gegen Appetitlosigkeit und Magenverstimmung, und es erscheint keineswegs ausgeschlossen, daß auch Adam Lonitzer recht hat, wenn er in seinem Kräuterbuch von 1679 den Nutzen des Basilikums für die »trawrigen Melancholischen menschen« rühmt – falls man denn überhaupt der Melancholie mit einem erquickenden Duft beikommen kann.

Wahrscheinlich stammt das Basilikum (*Ocimum basilicum,* aus der Familie der Lippenblütler) aus Indien, wo es dem Krishna und dem Vishnu geweiht war. Erst seit dem 12. Jahrhundert kennt man es in Mitteleuropa, übrigens auch in Züchtungen als Zierpflanze. Gerade erst ist in England eine neue Sorte mit glänzenden, gewellten, dunkel purpurnen Blättern prämiert worden, und im Katalog steht: »Ideal auch für Salate!«

An den Lippenblüten finden sich die Bienen gerne ein. Es sollte uns eine Nachmittagsstunde wert sein, einmal mit der

Basilikum nach einem Holzschnitt vom Ende des 16. Jahrhunderts

Lupe den Feinbau einer solchen Blüte zu erkunden. Und wer Spaß an einer »Prüfung« hat, mag versuchen, das, was er sieht, so präzise wie möglich aufzuschreiben und dann seine Beschreibung des Basilikums mit der folgenden, wissenschaftlich exakten aus der großen deutschen Flora von Hegi vergleichen:

»Kelch eiförmig, krautig, stark netznervig, mehr oder weniger behaart, mit sehr kurzer Röhre, fast kreisrunder, ungeteilter Oberlippe, mit flügelartig herablaufenden Rändern und wenig längerer, aus vier lanzettlichen Zähnen gebildeter Unterlippe. Krone rötlich oder gelblich-weiß, mit im Kelch eingeschlossener Röhre, mit breiter, stumpf vierlappiger Oberlippe und etwas längerer, schwach löffelförmig gewölbter, zuweilen etwas gezähnelter, gerade vorgestreckter Unterlippe. Staubblätter auf der Unterlippe liegend, vorn etwas aufgebogen, frei, mit kugeligen, gelben Antheren, die beiden hinteren nahe der Ansatzstelle mit je einem zahnförmigen, rückwärts gerichteten Haarbüschel.«

So strenge Übungen des Beobachtens und Beschreibens können, über die Schärfung der Augen hinaus, ungeahnte Wirkungen entfalten, wenn wir unsere Kinder daran teilnehmen lassen: Zwei Kieler Wissenschaftler haben in einer umfangreichen Untersuchung festgestellt, daß das »Umweltbewußtsein« dann am ausgeprägtesten ist, wenn im Elternhaus ein unmittelbares Erleben und Betrachten der Natur zur Selbstverständlichkeit geworden ist. Also käme es darauf an, den Umgang mit Kräutern und Samen und Blüten und Käfern zu einem Teil des häuslichen Lebens zu machen, zu einer täglichen Gemeinsamkeit.

Je weiter die Aufräumungsarbeiten auf dem Lindenhof gedeihen, um so mehr Flächen werden frei, über deren weitere Geschichte noch entschieden werden muß. Und mit einem neuen Buch, soeben eingetroffen, wächst zugleich die Lust, hie und da geometrisch gestaltete Gartenteile zu schaffen. ›Kräutergärten‹ heißt das Buch von Guy Cooper, und es erzählt in Bildern und Texten von vielen schönen und einigen weniger schönen, oft nach alten Mustern entworfenen Gärten, deren Besitzer Duft-, Heil- und Würzkräuter ziehen, teils zum Vergnügen, teils zum Verkaufen.

Die kleinste »Gewerbefläche« hat die Firma Paul Stocking in Birmingham – einen Reihenhausgarten von fünfzig Quadratmetern mit hundertvierzig verschiedenen Arten.

Den Traditionen der Gartengeometrie begegnet man in diesem Buch immer wieder, und ferner begegnet man mehreren englischen Damen, die die Anzucht von Kräutern zu ihrem Beruf gemacht haben. Für die Kunden unterhalten sie kleine Schaugärten, wie zum Beispiel Mrs. Lesley Bremness, deren Schaubeete unter anderem die Heil- und Salatkräuter des 16. Jahrhunderts vorzeigen, während es im »modernen« Teil neben fast zweihundert anderen Arten schöne Spezialsammlungen gibt: sechs verschiedene Salbei-Arten, sechs Majoran-Arten, sechs vom Rosmarin und fünfundzwanzig Thymiane. Solchen Feinheiten haben die Engländer immer viel liebevolle Aufmerksamkeit zugewendet.

Aus Guy Coopers Buch erfährt man, daß es sogar ein »Nationales Komitee zur Erhaltung von Pflanzen und Gärten« gibt, welches unter anderem darum bemüht ist, für wichtige Gattungen öffentlich zugängliche Vergleichs- und Erhaltungssammlungen zu schaffen.

So betreut Mrs. Titterington in Staplehurst die »Nationale Majoran-Sammlung«, und in dem (nach einem berühmten englischen Botaniker des 17. Jahrhunderts benannten) Culpeper-Garten bei Schloß Leeds gibt es die »Nationale Indianernessel-Sammlung« mit fünf Arten und fünfzehn Varietäten.

Die Indianernessel *(Monarda)* ist eine weithin verkannte Pflanze. Man schätzt sie zwar als robuste Gartenstaude, die Trockenheit verträgt und eben jetzt, im Juli, ihre sehr lange Blütezeit beginnt. Aber die ruhmreiche Vergangenheit der Indianernessel scheint vergessen: Bei den Indianern war sie eine sehr geachtete Heilpflanze; eine Abkochung aus Wurzeln und Blüten gab man gegen Würmer, und bei Verbrennungen und Entzündungen benutzte man einen Brei aus getrockneten, zerriebenen und dann angefeuchteten Blüten und Blättern. Auch später noch war ein Indianernessel-Tee (unter dem Namen »Oswego-Tea«) in vielen Gegenden Nordamerikas ein beliebtes Getränk.

Als die Indianernessel im 18. Jahrhundert aus Nordamerika nach Europa kam, ging sie sogleich in die Volksmedizin ein, als nervenstärkender, appetitanregender und die Verdauung befördernder Tee. Und die Chemiker stellten fest, daß das minzenähnlich süße Aroma der Pflanze unter anderem von dem ätherischen Öl *Thymol* herrührt, das man dann lange Zeit aus feldmäßig angebauten Indianernesseln gewann.

Da haben wir also wieder eine jener Pflanzen vor uns, die von den strengen Naturgärtnern als unerwünschte Ausländer und bloßer Zierat geächtet werden – und die doch mit ihrer Geschichte Lebenszeichen aus anderen Epochen und von anderen Menschen geben: Unsichtbar hocken im Garten um die Monarda herum der indianische Medizinmann, der Chemiker aus dem 18. Jahrhundert, der Pflanzenzüchter und der Kräuterkundige aus dem 19. Jahrhundert, und wir setzen uns dazu und freuen uns an ihr und ihren variantenreichen Düften – selbst wenn es sich um Sprößlinge aus der neuesten englischen Samenmischung handelt, die uns, laut Katalog, Züchtungen in »red, pink, crimson, lavender, white and other colours« bietet.

Auf solche und andere Weise ist der Garten ja oft eine Andeutung, ein Symbol, ein Modell für etwas anderes, Größeres, was im Garten nicht Platz hätte. Mit dem Baum meinen wir oft den Wald, den wir nicht haben, mit dem Tümpel das große Wasser, an dem wir gern wohnen würden, mit dem Lavendel den Urlaub in Südfrankreich.

Der 7. Mai war ein Tag der Libellen. Ganz unvermittelt tauchten sie am Nachmittag auf, kreisten am Teichrand entlang, schossen quer übers Wasser, ließen sich nieder, stiegen wieder auf, flogen umeinander und blieben urplötzlich in der Luft stehen. So ähnlich müssen die großwüchsigen Vorfahren der Libellen vor dreihundert Millionen Jahren schon im Steinkohlenwald umhergeflogen sein.

Später erst entdeckten wir die Ursache der Invasion: An den Halmen und Stengeln im Uferbereich des Teiches hingen Dutzende von grauen Larvenhülsen mit einem Loch in der Rückenregion, aus dem die Libellen herausgekommen waren. Es war also Schlüpftag gewesen, und alle Larven hatten sich, nachdem sie zwei Jahre lang im Schlamm gewachsen und gewachsen waren, an *einem* Morgen zur Verwandlung in Libellen entschlossen.

Allerdings gab es am nächsten und übernächsten Tag noch einige Nachzügler. Frühmorgens entstiegen dem Teich an warmen und sonnigen Stellen dunkelbraune, feuchte, urweltlich anmutende Larven, stolperten ungeschickt durchs Gras und suchten einen starken Halm, um daran emporzukriechen und sich mit ihren sechs Beinen daran festzukrallen. Mit einigen ruckartigen Bewegungen prüften sie den festen Sitz der Beine – die ja eigentlich nur noch Hüllen sind und wie Marionetten mit Hilfe von Zugfäden geführt werden. Ausschlüpfend befreit sich die Libelle von einem Kleid, mit dem sie nichts mehr zu tun hat, weil sie darunter ein völlig anderes Tier geworden ist.

Der Vorgang hat etwas Gespenstisches oder Zauberisches, weil ja zum Zeitpunkt der Anheftung die Larvenhaut durchaus nicht »tot« erscheint, sondern eben als Haut eines ersichtlich lebenden Tieres, aus dem plötzlich ein neues steigt.

Das Ausschlüpfen beginnt damit, daß die Libelle Kopf und Brust aufpumpt, bis die Larvenhaut platzt und den größten Teil des Libellenkörpers freigibt, während der Hinterleib zunächst noch in der Hülle steckenbleibt und damit dem Tier Halt gibt – denn noch ist der Körper schlaff, und die Beine sind nicht imstande, ihn zu stützen.

Ganz langsam dehnen und strecken sich jetzt die Körperteile, der Kopf vergrößert sich zusehends, und die anfangs weißlichen, lappigen Flügel härten aus, sie werden glasklar, während ihr farbloses Geäder immer dunkler wird. Inzwischen kann die Libelle sich selbst festhalten und zieht den Hinterleib aus der Hülle, die Stunden vergehen, der Hinterleib wird dicker und länger, die Zeichnung darauf dunkelbraun, die Stunden vergehen, und wir hocken da und sehen zu.

Merkwürdig fern bleiben uns die Libellen. Ihre Eleganz ist kühl – anders als die der liebenswürdigen Schmetterlinge. Sie halten Distanz, lassen sich niemals bei uns nieder. Nur in den Stunden des Ausschlüpfens müssen sie, wehrlos, verletzlich und wie betäubt von dem Geschäft der Verwandlung, unsere Nähe dulden; sie rühren sich nicht, während wir mit der Lupe die riesigen Augen und die Zeichnung ihres Leibes mustern. In dieser Lebensphase sind die Libellen auch für ihre Feinde eine leichte Beute: Die Vögel machen sich darüber her, und unsere Katzen mußten weggesperrt werden, weil sie sich skrupellos bedienten.

Wann die »fertige« Libelle sich zu ihrem ersten Flug erhebt, hängt vom Wetter ab: Der eine unserer Libellentage war heiß und sonnig – da waren die meisten schon gegen 12 Uhr auf und davon; am nächsten Tag, der grau und kühl und windig war, brauchten die letzten bis weit in den Nachmittag hinein, ehe sie imstande waren abzuheben.

Die Libellen nähren sich von Fliegen und Mücken und anderen kleinen Insekten, was uns nur recht sein kann, während die Larven im Schlamm des Teiches zwar auch Mückenlarven und anderes Kleinzeug fressen, leider aber die Kaulquappen nicht verschmähen und deshalb das Leben im Teich nicht nur bereichern, sondern auch gefährden. Schon deshalb sind große Teiche immer den heute in den Gärten üblichen Kleinsttümpeln vorzuziehen. Nur im großen Teich gibt es genügend Nischen zum Überleben für Kaulquappen und Molche und genügend unterschiedliche Lebensräume für all die Arten, die sich, von woher und wie auch immer, auf die Dauer einfinden, falls irgendwo in der Umgebung noch einigermaßen ungestörtes Leben möglich ist: Auf die in den Naturgartenbüchern stets verheißene Ankunft der Frösche zum Beispiel wird man vergeblich warten, wenn sie rundum ausgerottet sind.

Libellentage. Viele Stunden lang haben wir die Verwandlungen bestaunt. Jetzt sind die Libellen weg, irgendwo unterwegs auf der Suche nach Nahrung. Irgendwann werden sie zur Paarung und zur Eiablage zurückkehren, aber vieles in ihrem Leben bleibt unbeobachtet, und manches ist tatsächlich immer noch unbekannt, obwohl die Mitglieder der Gesellschaft deutschsprachiger Odonatologen und die der Societas Internationalis Odonatologica den Libellen unablässig auf den Fersen sind.

Unsere Libellen, das bleibt noch nachzutragen, gehörten zu der Art *Libellula depressa*, die auf deutsch leider »Plattbauch« benannt worden ist, was angesichts ihrer Schönheit sowohl irreführend als auch unliebenswürdig ist.

Schnecken, so lehren uns die Zoologiebücher, sind nicht wähle-risch; sie nähren sich von Algenbelägen, Flechten und vielerlei Blättern, und man kennt keine Schneckenart, die sich auf eine einzige Nahrungspflanze spezialisiert hätte. Wohl gibt es viele Pflanzenarten, die nicht einmal als weichblättrige Sämlinge den nächtlichen Überfall von Schnecken zu befürchten haben – lei-der gehören all unsere Gemüsepflanzen nicht zu diesen gefeiten Arten.

Einen Unterschied zwischen Schnecken und Schnecken glaube ich doch ausgemacht zu haben: Die Nacktschnecken sind wirk-lich Allesfresser, während die Gehäuseschnecken offenbar nur in der Not an Blätter und Stengel gehen. Ihnen sind die feuchten Algenrasen auf Baumrinden und Steinen viel lieber, und sie scheuen keine Mühe und keine Kletterpartie, um sie abzugrasen. Im Frühjahr steigen sie sogar an welken Stengeln empor, obwohl doch unten längst frisches Grün sprießt, im Spätsommer sehe ich sie oft an morschen Weidepfählen, und der Walnuß-Baum trägt auf seiner Rinde viele gewundene Spuren ihrer Freßwege.

Das Fesselndste aber, was die Schnecken als Gartengenossen zu bieten haben, sind ihre Kopulationsbräuche, die sich von Art zu Art unterscheiden und nur darin übereinstimmen, daß die Hochzeitsvorbereitungen sich über Stunden hinziehen.

Die bei uns vorkommenden Landschnecken sind Zwitter, be-sitzen also männliche *und* weibliche Geschlechtsorgane und be-gatten sich gegenseitig, nachdem sie lange umeinander gekro-chen sind und einander immer wieder wie prüfend betastet ha-ben. Die Vereinigung geht dann meist innerhalb von wenigen Minuten vor sich. Gleich danach wenden sich die beiden Schnecken wieder voneinander ab, jede geht ihrer Wege und legt an einem anderen Ort ihre Eier ab.

Die Angehörigen der großen Familie der Schnirkelschnecken verleihen ihrem Begehren noch dadurch Nachdruck, daß sie einander auf dem Höhepunkt der Kopulation den »Liebes-pfeil«, eine kleine spitze Nadel aus Kalk, ist Fleisch bohren, die sie in einer Art Köcher, dem Liebespfeilsack, bereithalten.

Für solche Beobachtungen braucht man Geduld und Glück – nur ganz selten reicht auch Glück allein. Aufmerksamkeit ist immer dann geboten, wenn wir zwei Schnecken nah beieinander sehen, meist spinnt sich da gerade etwas an.

Im Garten sind die Schnirkelschnecken die auffälligsten Gehäuseschnecken, und zwar vor allem die Schwarzmündige Bänderschnecke (*Cepaea nemoralis*) und die Weißmündige Bänderschnecke (*C. hortensis*). Beide Arten sind außerordentlich variabel – es gibt gebänderte und einfarbige Formen, und wie es von der Schwarzmündigen eine weißlippige Variante gibt, so von der Weißmündigen eine braunlippige; die Unterscheidung der beiden Arten ist oft nur mit Hilfe anderer anatomischer Merkmale möglich.

Woraus erhellt, daß die Bestimmung der Schnecken nicht leicht und die Beschäftigung mit ihnen nicht langweilig ist. Im Verlag Paul Parey, Hamburg, gibt es ein treffliches – und meines Wissens das einzige – Bestimmungs-Buch (Kerney/Cameron/Jungbluth: Die Landschnecken Nord- und Mitteleuropas), das jeder haben muß, der sich ernsthaft mit den Gastropoden befassen will.

Im Gegensatz zu den Nacktschnecken sind die Gehäuseschnecken durch ihre auffallende Färbung gefährdet; offenbar schmecken sie auch gut – jedenfalls finde ich beim Gartengang manchmal mehr von den Drosseln aufgepickte und leergefressene Gehäuse als lebende Schnecken. Da es aber immer schon Drosseln gegeben hat, muß es noch andere Gründe dafür geben, daß die Schnirkelschnecken in den Gärten immer seltener zu sehen sind. Wer eine findet, sollte sie leben lassen und nicht seinem Schneckenzorn opfern. Schon der Name nimmt ja für sie ein. Gibt er einen zärtlicheren, vergnüglicheren Namen als »Schnirkelschnecke«?

Die Hahnenfußgewächse (*Ranunculaceae*) begleiten uns fast durchs ganze Jahr: im Winter blühen Christrose und Winterling, im Frühjahr Leberblümchen und Scharbockskraut, dann Sumpfdotterblume und Pfingstrose, später Akelei, Rittersporn, Eisenhut und Waldrebe – alles Hahnenfußgewächse, nicht wenige davon giftig und zugleich heilsam, und insgesamt so unterschiedlich in Gestalt und Blütenbau, wie man es sonst bei kaum einer anderen Pflanzenfamilie findet.

Sehr verschieden sind oft auch die Blattformen an einer einzigen Pflanze – Abwandlungen aller Art von oft rundlichen Grundblättern zu geschlitzten oder lanzettlichen Blättern im oberen Bereich. In dieser »Heterophyllie« (Verschiedenblättrigkeit) vieler Hahnenfußgewächse deutet sich ein Prinzip an, das zum tieferen Verständnis der Pflanzengestalt führt: die Metamorphose des Blattes, das heißt die Erscheinung, daß alle vom Sproß seitlich abgehenden Teile der Pflanze nichts anderes sind als Verwandlungen der Urform »Blatt«, also auch die Blüte mit Kelch, Kronblättern und Staubblättern (während Fruchtknoten und Griffel den Sproß fortsetzen).

Goethe hat diese Verhältnisse als die ›Metamorphose der Pflanzen‹ beschrieben, wozu freilich anzumerken ist, daß er die beiden anderen Bauelemente der Pflanze, Wurzel und Sproß, nicht in dieses Bild eines »gemeinsamen Musters« aller Pflanzen einbezog, so daß das Stichwort für sein Konzept eher die »Metamorphose des *Blattes*« zu lauten hätte.

In diesem Zusammenhang wird oft der Begriff der »Urpflanze« genannt, die Goethe »entdeckt« hätte, und eine Zeichnung verschiedener Blattformen eines Hahnenfußgewächses gilt als einzige Darstellung dieser Urpflanze von Goethes Hand. Mit der Urpflanze hatte Goethe aber etwas anderes gemeint als die Blattmetamorphose, nämlich: daß es eine Pflanze geben müsse, die das Urbild aller Pflanzen sei. Wie vage diese Vorstellung war, geht schon daraus hervor, daß er sie nur an ganz wenigen Stellen seiner botanischen Schriften erwähnt und dann in jeweils unterschiedlichem Sinne.

Bei der ersten Erwähnung sagt er, er suche die Urpflanze in der Wirklichkeit, meine also, sie müsse konkret existieren – wobei er sich nicht darüber äußert, ob die anderen Pflanzen dann daraus in einer weiteren Entwicklung und Entfaltung entstanden sein sollten. Goethe hat dieses Konzept nie weiter und nie zu Ende gedacht. Fast zur gleichen Zeit beschreibt er die Urpflanze als ein *von ihm selbst* zu entwerfendes Grundmodell. Die Natur, so schreibt er, werde ihn um dieses Modell beneiden, und man werde, wenn man das Modell und den Schlüssel dazu habe, beliebige weitere Pflanzen erfinden können. Das klingt wie eine Vorwegnahme gentechnologischer Zielsetzungen.

Die dritte Erwähnung der Urpflanze findet sich erst dreißig Jahre später und bezeugt, daß Goethe das Konzept der Urpflanze inzwischen längst als eine überwundene »Grille« ansah, über die er mit der ›Metamorphose der Pflanzen‹, also der Formulierung der Umbildungsgesetze des Blattes, weit hinausgelangt sei.

Goethes Urpflanze ist also im wesentlichen ein Phantasieprodukt derer, die Goethe nicht gelesen haben, aber den Gedanken einer »Urpflanze« so faszinierend fanden, daß sie ihn als eine unbezweifelbare »Entdeckung« priesen und fälschlicherweise mit der Blattmetamorphose vermengten. Versucht man umgekehrt, vom Phänomen der Metamorphose zu der Idee eines »gemeinsamen Musters« aller Pflanzen zu gelangen, dann wird man Sproß und Wurzel hinzudenken müssen: Die »Urpflanze« ist dann ein schematisches Pflanzenwesen, aus deren Wurzel ein Sproß entspringt, aus diesem gliedern sich von unten nach oben zunächst die Laubblätter und dann Kelch, Krone und Staubblätter aus, während die Sproßspitze den Keim der Neubildung birgt, den Embryo der Pflanze, in dem mit Keimachse, Keimblättern und Keimwurzel wiederum die ganze Pflanze angelegt ist.

Das ist nun keineswegs wissenschaftliche Kleinkrämerei, die den Gärtner nichts anginge, vielmehr wird er, solche Bildungsgesetze bedenkend, die Pflanze als Ganzes anders sehen, nämlich nicht (oder nicht mehr nur) als ein fertiges und geschlossenes Gebilde, sondern als das Ergebnis einer Ausfaltung, bei der sich das Grundelement Blatt unter den Bildekräften des Vegetativen zeigt und dann im Bereich der generativen Kräfte des Blütenbereichs von diesen überprägt wird, mit erkennbaren Zwischenstufen.

In solchen Verwandlungen ahnt der Gärtner, wenn er sie wahrnimmt und zu deuten weiß, eine die ganze Pflanze durchdringende Bildungskraft – allgemein im Sinne der Erfüllung des urpflanzlichen Schemas, spezifisch in bezug auf die Baupläne der Familien, Gattungen und Arten.

Immer wieder erzeugt schon das Wort »Bundesgartenschau« Neugier und die Hoffnung, daß vielleicht diesmal mehr und anderes zu sehen ist als pflanzliches Dekorationsmaterial. Und immer wieder wird der Gärtner enttäuscht:

Düsseldorf 1987: Der gebündelte Sachverstand deutscher »Landschaftsgärtner« brachte abermals nichts anderes zuwege als das, was Landschaftsgärtner eben zu erzeugen pflegen: synthetische Arrangements mit den immergleichen Stauden aus dem Katalog, in diesem Jahr mit einer deutlichen Vorliebe für die Himmelsleiter (*Polemonium*) – es hat wohl einer der beteiligten Großbetriebe seine *Polemonium*-Halde untergebracht. Nicht einmal der Duftgarten bot irgendeine Überraschung (wie leicht wäre das gewesen!), und daß auch die sogenannten »Naturgärten«, in denen natürliche Lebensräume vorgeführt werden sollten, von Staudengärtnern angelegt worden waren, das zeigte sich an mancher »falschen« Pflanzenart – vom desolaten Allgemeinzustand dieser BUGA-Gegend ganz zu schweigen.

Ein Lichtblick war der Biogarten, angelegt und betreut von einer Arbeitsgruppe der Volkshochschule, eine Oase der Naturfreundlichkeit, aus jedem Detail die Zuneigung spürbar, die hier am Werk war.

Am eindruckvollsten: das *Hochbeet*, für Gärtner, die sich nicht bücken können oder wollen. Es muß allerdings kräftige Bohlen und Stützen haben, damit es durch den Erddruck nicht gesprengt wird. Im Inneren war es in Schichten aufgebaut wie ein Hügelbeet (unten Äste und Zweige, dann Grassoden, eine Laubschicht, Kompost und obenauf Gartenerde). Ich denke aber, daß das nicht unbedingt sein muß, denn der Hauptzweck des Hochbeetes besteht ja darin, daß die Pflanzfläche in bequemer Arbeitshöhe liegt. Wichtig ist auch, daß man alle Stellen gut erreichen kann und niemals gezwungen ist, das Hochbeet zu besteigen. Übrigens eignet sich so ein Hochbeet vorzüglich als Geschenk – denn eben jene, die eine solche Erleichterung der Gartenarbeit am nötigsten brauchen, sind am wenigsten imstande, sie selber zu bauen ...

Zwei Jahre später: BUGA in Frankfurt, wo zu erleben war, was so ungeniert noch nie auf die Spitze getrieben wurde: die Verwandlung von Natur in Ware, die Verwandlung des Gartens in schieres Design, die Verwandlung der Pflanzen in Accessoires. Mit schaumiger Prosa will uns der Katalog einreden, daß wir hier »29 Erlebnisse zum Aufblühen« geboten bekommen. Eines davon:

»Das Antennenwäldchen. Kabelfernsehen, Satellitenfernsehen – vielleicht dauert es nicht mehr lange, und wir können unsere Antennen vom Dach abmontieren. Bevor Sie das gute Stück zum Sperrmüll geben, hätten wir eine Idee: Warum stellen Sie die ausgediente Antenne nicht in den Garten und pflanzen darunter ein paar Schlinger? ...« So wird der rustikale Brauch, alte Waschmaschinen mit Stiefmütterchen zu bepflanzen, nahtlos ins elektronische Zeitalter verlängert, und wir warten jetzt nur noch darauf, daß man die Satellitenschüsseln in Feuchtbiotope verwandelt. Die bepflanzte Antenne – ein «Erlebnis zum Aufblühen«. Ein anderes:

»Das Labyrinth ... Entgegen klassischen Vorbildern besteht der Irrgarten hier nicht aus Hecken, sondern aus mit Segeltuch bespannten, leichten Wänden.« Fürwahr eine atemberaubende Novität – endlich die Vollendung der Gartenkunst, das Heckenlabyrinth ohne Hecken, der Garten ohne Pflanzen. Wie denn auch anderwärts in den Themengärten, den Sondergärten, den Charaktergärten das Segeltuch als praktischer Heckenersatz das Bild beherrscht, dazu: Gerüst aller Art, Kästen, Tröge und Wannen, leichthin mit Pflanzen besteckt und verziert – oder nicht einmal das.

Einer der Sondergärten heißt »Pythagoras«, und selbst der Katalog muß zugeben: »Im strengen Sinne ist er kein Garten, sondern ein ... Gebilde aus lauter zusammenhängenden Würfeln, die aus mit Segeltuch bespannten Gerüsten bestehen. Vorder- und Rückwand bleiben offen, so daß der Besucher durch den Kubus hindurchgehen kann.«

Im Computergarten (rundherum Segeltuchwände) sieht man Betonplatten und kurzgeschorenen Rasen und darauf niedrige Buchsbaumhecken, derart in Form geschnitten, daß die Tastatur eines Taschenrechners zu ahnen ist: ein Erlebnis zum Aufblühen, wenn es nur nicht überall so entsetzlich nach abgestandenem Feuilleton röche: »Der Computergarten stellt die Frage: Sind Natur und Technik unvereinbare Gegensätze? Wer den Computergarten sieht, mag es kaum glauben.« So einfach kann Versöhnung sein.

Natürlich gibt es auch ein paar gute Ideen, ein paar schöne Ecken. Es gibt eine vorbildlich beschilderte Streuobstwiese. Und es gibt große wilde Wiesen, auf denen man Stauden angesiedelt hat, um dann abzuwarten, welche davon sich auf die

Dauer durchsetzen werden. Man hält das für ein ökologisches Experiment (und gibt ihm übrigens die Schuld am Mißerfolg der BUGA), aber daß es eher kläglich wirkt, liegt nicht zuletzt daran, daß außer ein paar Namensschildchen keinerlei Information über Sinn und Details des Vorhabens gegeben wird. Der Katalog kommt vor lauter neckischem Geplapper nicht dazu, die Erläuterungen nachzuliefern, die man im Gelände vermißt.

Es gibt gelungene Hausgartenvorschläge, aber es gibt auch einen sogenannten »Gärtnermarkt«, auf dem zwischen Kunstgewerbe, Schallplatten, Wein und Porzellan kleine Kakteen im Dutzend feilgeboten werden, auch ein paar Gartenartikel in einem düsteren und unordentlichen Büdchen.

Das letzte, was der Gärtner besichtigte, bevor er floh, war »Der metaphysische Garten«. Er ist von grünem Segeltuch umgeben und besteht aus einem Rasen, auf welchem, aus Blech ausgeschnitten, neunundneunzig Mal der Schriftzug *plant* liegt, und am Ende des Gartens gibt es ein Tempelchen, darin die hundertste Pflanze als abstrakte Plastik, neunundneunzig Zentimeter hoch. Alles sehr metaphysisch.

Was es zu bedeuten hat, darüber hat der Gärtner nicht mehr nachgedacht. Er hat vielmehr versucht, aus seiner Erinnerung vor allem die kalte Langeweile zu tilgen, die dieser floristischen Kirmes, dieser Ansammlung von Künstlichkeiten anhaftet. Was uns den Garten wichtig macht und was Gartenmenschen uns aus ihren Gärten zeigen und erzählen könnten, wenn man sie ließe, das sucht man hier fast vergebens. Wo immer man an die Dekoration pocht, klingt es hohl.

Soll man wünschen, daß die nächste BUGA aus den Fehlern lernt, oder sollte man hoffen, daß der ganze Mummenschanz abgeschafft wird – zugunsten einer ehrlichen Gärtnermesse, für welche die Gärtner zahlen und nicht die öffentlichen Hände, und zugunsten von bescheidenen, aber informativen Lehr- und Mustergärten, die es in jeder Stadt geben könnte?

Zu Hause hatte sich *Lemna*, die Wasserlinse, über den ganzen Teich ausgebreitet. Noch bei jeder neuen Anlage habe ich versucht, sie fernzuhalten, und jedesmal ist es mir mißlungen: Irgendwann schleppen irgendwelche Wasserpflanzen eine Wasserlinse ein, und dann dauert es keine zwei Jahre, bis sie sich so vermehrt hat, daß sie im Sommer eine dichte Decke bildet. Zugunsten der Wasserlinse läßt sich immerhin anführen, daß sie das Wachstum der Fadenalgen im Teich durch Beschattung mindert – und: daß sie die kleinste Blütenpflanze der Welt ist. Auf unserem Teich lebt sie zusammen mit dem kleinsten Farn der Welt, mit *Azolla*, dem Algenfarn, der aus tropischen Gebieten stammt, inzwischen aber rund um die Welt gewandert ist. Meist findet er sich in Wasserpflanzengärtnereien, die ihn dann gratis und unterderhand ihren Kunden mitliefern: Plötzlich schwimmen die trübgrünen Kolonien auf dem Wasserspiegel, vermehren sich rasch und siedeln sich auch im Uferschlamm an, wo sie dichte, rundliche Polster bilden.

Die Schönheit des Algenfarns enthüllt sich erst unter der Lupe: Auf einem verzweigten Stengel sitzen die Blätter schuppig in zwei Zeilen und lassen in ihrer rhombischen Form an Mineralisches, an kleine Kristallbäume denken. Was man auch mit der Lupe nicht sieht: daß die Blättchen winzige Luftkammern haben und daß in diesen eine bestimmte Blaualgen-Art wohnt; sie vermag den Luftstickstoff zu binden und läßt einen Teil davon dem Algenfarn zukommen. Die Untermieterin ist lebenswichtig: Ohne die Blaualge kümmert der Algenfarn dahin und wird unfruchtbar. Die Blaualge heißt *Anabaena*. Der Name klingt verläßlich, und ich hoffe nur, daß sich der Algenfarn, mit Anna Baenas symbiontischem Beistand, auch künftig neben der Wasserlinse zu behaupten vermag, als feinziseliertes Kleinod aus den Tropen, dunkelgrün, neben der einheimisch-dreisten, hellgrünen Wasserlinse.

Nicht gerade unerschöpflich, aber doch für *eine* Pflanzengattung unglaublich vielseitig ist die Liste der Düfte, mit denen uns die Duftpelargonien erfreuen: Pfeffer, Kiefer, Balsam, Zitrone, Orange, Pfefferminze, »süßlich«, »stechend«, Moschus, Wermut, Eukalyptus, Zeder, Balsamine, Rosen – und das sind noch nicht alle.

Und diese Düfte kann man nicht nur so, im Vorbeigehen, immer wieder aufnehmen und mitnehmen, sondern man kann sie auch verwenden und bewahren: die frischen Blätter eignen sich als Würze zu jeder Speise (Pfeffer an die Bratkartoffeln, Zitrone an den Kuchen, Rose in den Zitronenpudding) und für überraschend schmeckende Tees. Auch getrocknet behalten die Blätter ihr Aroma.

Die Sommerwochen sind die beste Zeit zur Vermehrung der Duftpelargonien durch Stecklinge. In einer alten Gartenzeitschrift aus der Zeit, da diese Pflanzen noch weit und breit beliebt waren, las ich einen Trick, mit dem man die ohnehin wenig problematische Stecklingsvermehrung noch sicherer machen kann: Man schneidet die Stecklinge nicht sofort ab, sondern bricht die Triebe nur halb durch, so daß sie weiter ernährt werden, aber an der Bruchstelle schon Wundgewebe (den »Kallus«) entwickeln. Nach zwei Wochen löst man die so vorbereiteten Stecklinge vollends ab und drückt sie in eine Mischung aus viel Sand und wenig Blumenerde, wo sie jetzt schnell und sicher Wurzeln bilden, ohne zu faulen.

Bis Weihnachten haben wir dann verschenkfähige Pflanzen, die den Winter entweder bei mäßiger Wärme weitergrünend überstehen oder, bei Temperaturen knapp über null Grad, alle Blätter verlieren und im März wieder austreiben.

Während meine Duftpelargonien jetzt draußen stehen, wächst im Zimmergarten ein arbeitsamer Pilz. Kein Austernpilz, kein Kulturträuschling, kein Braunkappenröhrling, sondern ein Kombucha, ein Teepilz aus dem Fernen Osten. Er wächst auch nicht auf Strohballen oder Baumstümpfen, sondern in großen Gurkengläsern, die ich zuvor mit jeweils drei

Litern Tee gefüllt habe, darin aufgelöst ein halbes Pfund braunen Zuckers.

Der Kombucha-Pilz, von dem ich ein Stück in jedes Glas gegeben habe, gedeiht als eine Art von weißfilziger Gallerte an der Oberfläche des süßen Tees und vergrößert sich von Tag zu Tag – aber auf den Pilz habe ich es gar nicht abgesehen, sondern auf das, was er aus dem Tee macht: Die dunkle Flüssigkeit hellt sich immer mehr auf und hat, nach zehn oder vierzehn Tagen, keinerlei Ähnlichkeit mit süßem Tee mehr; sie schmeckt angenehm sauer, ähnlich einem Apfelsaft, prickelt manchmal ein wenig auf der Zunge wie ein Cidre (jede Kultur fällt etwas anders aus) und ist ein erfrischendes Sommergetränk, mit gerade noch so viel Restzucker, wie ein saures Getränk braucht.

Den übrigen Zucker hat der Kombucha-Pilz, indem er wuchs, verbraucht und in Säure umgewandelt – in Glukuronsäure, Milchsäure und Essigsäure. Außerdem bildet sich eine sehr geringe Menge Alkohol, ferner Kohlensäure und eine Reihe weiterer, noch nicht im einzelnen analysierter Stoffwechselprodukte mit einem charakteristischen, zarten Aroma. Die naheliegende Frage, wie denn ein einziger Pilz so viele verschiedene Stoffe erzeugen kann, ist leicht beantwortet: Der Kombucha-Pilz ist gar nicht *ein* Pilz, sondern eine in sich vortrefflich ausgewogene Mischung von mindestens einem Dutzend verschiedener Bakterien und Hefepilze, die miteinander in einer offenbar für alle Beteiligten zuträglichen Symbiose leben.

Niemand weiß, wie diese filzige Pilzversammlung sich zusammengefunden hat, ob sie also irgendwann »erfunden«, das heißt gezielt entwickelt wurde, oder ob sie »entdeckt«, das heißt zufällig vorgefunden und dann unverändert weiterkultiviert wurde. Nur soviel ist gewiß: daß man den Kombucha-Pilz schon vor mehr als zweitausend Jahren im alten China kannte und daß er und das von ihm hervorgebrachte Getränk sich über Osteuropa bis in den Westen verbreiteten.

Die Chinesen priesen den Kombucha als Heilmittel für viele Krankheiten sowie als ein Mittel zur Erlangung der Unsterblichkeit. Wem an letzterer aus begreiflichen Gründen nicht gelegen ist, der kann diese Wirkung gewiß verhindern, indem er zwischendurch auch einmal etwas anderes trinkt; für ihn gilt dann nur, daß der Kombucha zweifellos den Stoffwechsel an-

zuregen vermag, der Verdauung hilft und die Flora der Darm-
bakterien günstig beeinflußt. Ärgerlich und unverantwortlich
erscheint es mir hingegen, wenn in Artikeln und obskuren Bro-
schüren die Hoffnung erweckt wird, Kombucha könne Krebs-
kranken helfen und sogar auch bei Aids nützlich werden. Die
Versprechung ist wohlfeil, um so teurer werden dann die Flaschen verkauft.

Bemerkenswerter als solche Schaumschlägerei ist die schlichte Wirklichkeit: daß eine ganz einmalige, nirgends in der Natur
vorkommende Gesellschaft von Bakterien und Hefen Jahrtau-
sende überdauert hat, weitergereicht von Krug zu Krug, unverändert in ihrer symbiontischen Ordnung, das Werk der Zuk-
kerverwandlung immer von neuem zuverlässig verrichtend, so
daß wir, wenn wir Kombucha trinken, eine mit nichts anderem
vergleichbare dingliche Verbindung zu Chinas Frühzeit aufnehmen. Wir trinken aus uralten Bechern, und wir können daran mitwirken, das lange Leben des merkwürdigen Pilzes weiter
zu verlängern. Ob er unser Leben verlängert, ist, daran gemes-
sen, ganz unerheblich.

In einem seiner beiden Weimarer Gärten hatte Goethe rechts
und links von einem Weg breite Reihen hoher Malven gepflanzt, auf die er besonders stolz war. Im Tagebuch heißt es
unter dem 14. August 1831: »Mit Ottilien in den untern Garten, die Malvenallee in ihrer vollen Blüthe zu sehen.« Botanisch
genau wäre von Stockrosen (*Althaea rosea*) zu reden; sie zeigen
uns am reinsten das sanfte Wesen der Malvengewächse, mit
weichen, seidigen Blüten in vielen pastelligen Farben – mit Aus-
nahme der *Althaea rosea var. nigra*, die fast schwarze Blüten
hat und früher viel angebaut wurde, weil man mit dem Farb-
stoff der Blüten helle Rotweine nachfärben konnte. Darüber
hinaus dienten sowohl die Stockrose als auch mehrere andere
Malvengewächse wegen ihres Schleimgehaltes als Heilmittel bei
allen entzündlichen Erkrankungen der Atemwege, so die Weg-
Malve (*Malva neglecta*) und besonders der Echte Eibisch (*Althaea officinalis*), den man leicht aus Samen ziehen kann.

Das sanfte Wesen dieser Familie (mit den einheimischen Gattungen *Althaea*, *Malva* und *Lavatera*) zeigt sich auch darin,
daß sie keine Giftpflanzen hervorgebracht hat, und so kann,
wer sie hegt, im Frühjahr die jungen Blätter aller Arten für

Echter Eibisch

Salate ernten – wozu ich allerdings nicht die oft vom Malven-rost befallenen Blätter der Stockrose empfehle, sondern eher die des schon genannten Echten Eibischs und die der Thüringer Strauchpappel (*Lavatera thuringiaca*); auch vor der Moschus-Malve (*Malva moschata*) braucht man nicht zurückschrecken: Zumindest bei mir duftet sie kein bißchen nach Moschus. Leider.

Im August sollten wir diejenigen Gärtnerfreunde zum Nach-mittagskaffee einladen, die beim Anblick der einen oder ande-ren Rosensorte in unserem Garten begehrlich geworden sind: Jetzt können wir ihnen ein paar Triebe für Stecklinge in die Hand drücken. Und umgekehrt – im August sollten wir uns bei denen einladen, von deren Rosen wir gern Stecklinge machen würden ...

Der Nachteil ist allerdings, daß die so vermehrten Rosen nicht so zuverlässig in der Winterhärte sind wie die veredelten, und bei manchen Arten und Sorten glückt die Stecklingsver-mehrung überhaupt nicht. Aber da wir nicht vom Rosenver-mehren leben müssen, können wir den Ausgang unserer Expe-rimente gelassen abwarten.

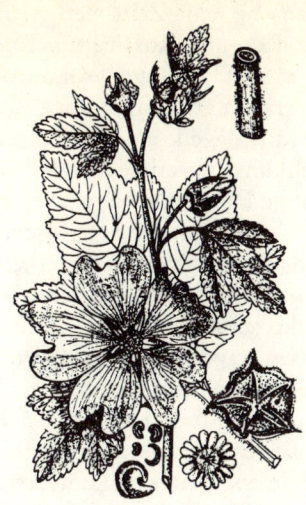

Thüringer Strauchpappel

Die Stecklinge sollen drei bis vier Augen haben und weder zu krautig-weich noch zu stark verholzt sein. Nur am oberen Auge läßt man die Blätter stehen, bei den anderen schneidet man sie ab, und dann drückt man den Steckling mit dem unteren Auge etwa zwei Zentimeter tief in ein Torf-Sand-Gemisch, mit dem man einen Blumentopf gefüllt hat. Man kann den Steckling vorher mit einem Wuchsstoff behandeln, vor allem aber sollte man ihm ein mildfeuchtes Klima verschaffen, indem man eine Folientüte über den Topf zieht oder ein Einmachglas darüberstülpt. Für gute Bodenwärme muß gesorgt werden, aber die Haube darf nicht von der prallen Sonne getroffen werden. Nach drei oder vier Wochen haben sich die Wurzeln gebildet. Wir lassen die Pflanzen aber noch im Topf, lassen sie bei niedrigen Temperaturen überwintern (auch ein paar Grad Frost schaden nicht), gießen dabei nur sehr sparsam und pflanzen sie erst im Frühjahr ins Freie. Der erste Winter ist die kritische Zeit.

Mild soll er werden, der Winter, wenn spät im Jahr noch Rosen blühen. Solange sie blühen, können wir ihre Blütenblätter sammeln, wenn wir versuchen wollen, den Duft zu konservieren. Immer hat man sich bemüht, dieses Vergänglichste festzuhalten, wenigstens für eine Zeit, wenigstens für eine Mahlzeit: Rosenwasser, Rosenöl, Rosensirup, Rosenmehl ... viele Rezepturen bietet mein Hausfrauenlexikon von 1839, und fast alle haben etwas Verzweifeltes: inständige Bitte an das Ätherische, sich für eine kurze Weile ans Dingliche binden zu lassen, um dann die Kochkunst zu erhöhen oder Feiertag und Festabend durch flüchtige Duftwölkchen zu verzieren.

Als Beispiel hier das Rezept für den Rosengrieß, »welcher in England so gern als Brei oder in Backwerken und Suppen genossen wird, und wirklich überaus wohlschmeckende Gerichte liefert: Man pflückt ganz frühmorgens von Stöcken, welche starkriechende Rosen tragen, die sich entfalten wollenden Blumen ab, befreit sie von den Kelchen, wäscht ihre Blätter einige Male mit kaltem Wasser rein, läßt das anhängende Wasser durch ein Sieb ablaufen, zerreibt die Blätter darauf in einem reinen Mörser so fein wie möglich und überstreut das Zerriebene mit so viel gutem Weizenmehl, daß ein fester Teig daraus geformt werden kann. Der Teig wird auf einem Brette aufs dünnste ausgerollt und dann an einem mäßig warmen Orte getrocknet. Man zerstößt die getrocknete Masse noch warm in einem Mörser, siebt das Gestoßene durch ein Florsieb und hebt es dann in verschlossenen Gläsern zum Gebrauche auf.«

Es soll nicht gerade zuvor in die Blüten geregnet haben, wenn wir sie einsammeln – es sei denn, wir wollten die *Flores rosae* (so sagen die Apotheker oder sagten es wenigstens früher) als mildes Durchfall-Mittel verwenden: Der Gerbsäure, die für dieses sehr triviale Vermögen der Königin der Blumen verantwortlich ist, schadet die Nässe nicht, nur dem Duft, der selbst bei umsichtigstem Vorgehen so schwer zum Bleiben zu bewegen ist. Das ist die große Schwäche aller Rosen-Rezepte: daß allenfalls der Hauch einer Ahnung zu bewahren ist. Unverdrossen werden wir den »Rosen-Syrup« ansetzen, nach einem Rezept von 1839:

»Eine weitmündige Flasche mit abwechselnden Schichten frischer Rosenblätter und gepulverten Zuckers gefüllt (so daß die oberste Schicht Zucker ist), wobei man auf ein Gewichtstheil Rosenblätter ungefähr drei Gewichtstheile Zucker anwendet. Das Gefäß gut mit einem Korkpfropf verschlossen, über den man noch überdieß ein befeuchtetes Stück Schweinsblase oder

Pergament bindet, und das Ganze so lange an die Sonne gestellt, bis der Zucker völlig zergangen ist und noch einige Zeit mit den Rosenblättern gestanden hat. Dann Alles auf ein feines Sieb geschüttet, den Syrup ohne Pressen abfließen lassen und in einer gut verschlossenen Flasche aufbewahrt.«

Die Familie der *Rosaceen* bildet eine sehr weitläufige Verwandtschaft, die Königin der Blumen thront über Äpfeln und Birnen, Kirschen, Pflaumen und Pfirsichen, aber auch über so unähnlichen Angehörigen wie der Nelkenwurz (*Geum*), von der es in den Gärten mehrere prächtige ausländische Arten und im übrigen einige bescheidene einheimische gibt, vor allem die Echte Nelkenwurz (*G. urbanum*) und die Bach-Nelkenwurz (*G. rivale*). Der Name rühmt den Umstand, daß die Wurzeln der Pflanze nach Gewürznelken duften und schmecken. Der Duft verliert sich schnell beim Trocknen, aber vom Geschmack

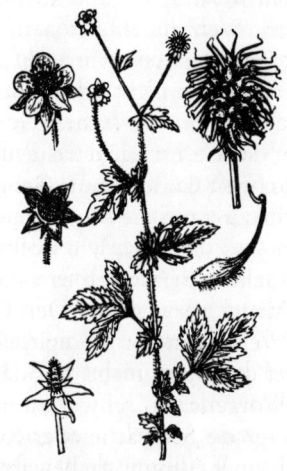

Echte Nelkenwurz

bleibt so viel erhalten, daß es zumindest zum Würzen von Rotkohl reicht. Ob der alte Name »Manneskraftwurzel« gerechtfertigt ist, weiß ich nicht – das wäre wieder einmal einer jener vielen Fälle, in denen auch der Liebhabergärtner wertvolle Forschungsarbeit leisten kann, indem er die alten Überlieferungen auf ihre Zuverlässigkeit prüft.

Die Nelkenwurz ist aber noch aus einem anderen Grunde bemerkenswert: Ihre Blätter (besonders die jungen) wurden früher als Salat gegessen oder wie Spinat gekocht. Mir schmeckt das Gemüse, in Pfannkuchen eingewickelt, sehr gut. Seit ich es kenne, darf die Nelkenwurz sich selber aussäen (was sie bereitwillig tut) und wird nicht mehr gejätet, sondern geerntet.

Es gibt ja viel mehr eßbare Blumen und Pflanzen, als je auf unseren Küchenzetteln erscheinen.

Für mich habe ich in diesem Jahr das Weidenröschen (*Epilobium*) als eßbare Pflanze entdeckt. Daß man die jungen Blätter und Triebe aller Weidenröschen-Arten als Salat und Gemüse essen kann, ist zwar keineswegs neu – aber ich hatte es nie probiert und kam erst darauf, als ich im April eine ganze Kolonie junger Pflanzen bemerkte, die so proper aussah wie eine gelungene Feldsalat-Aussaat.

In diesen Wochen reifen die langbehaarten Samen des Weidenröschens. Jeder Gärtner weiß, wie leicht sie überall im Garten Fuß fassen, und es sollte nicht schwer sein, damit den Anfang zu einem kleinen Weidenröschen-Gebüsch zu machen, von dem man dann schon im nächsten Frühjahr einen wohlschmeckend säuerlichen Salat schneiden kann.

Das Weidenröschen ist nicht nur ausdauernd (braucht also nicht immer neu gesät zu werden), sondern auch so wüchsig und robust, daß es ständigen Schnitt verträgt und unermüdlich nachwächst, als wäre nichts gewesen – ein ewiger Schnittsalat, ein Dauergemüse, als welches es mir am meisten zusagt, wenn es grobgewiegt und kurz gedünstet und dann mit Senf und Sahne abgeschmeckt wurde.

Die einzige nicht zum Verzehr geeignete zoologische Zutat, die ich bisher am Weidenröschen gefunden habe, ist der »Kuckucksspeichel«, jener weißliche Schaum, den wir vom Wiesenschaumkraut kennen und in dem die kleine Larve der Wiesen-Schaumzikade sich im Mai auf ihr sommerliches Leben vorbereitet. Den Winter übersteht die aus der Larve schlüpfende Zikade dann in der Regel nicht mehr, doch legt sie vorher noch ihre Eier an eine Wirtspflanze.

Haben wir uns schon einmal gefragt, wie die Schaumzikade zu ihrem Schaum kommt? Die Insektenbücher geben uns Auskunft: Die aus dem Ei gekrochene Larve sondert aus dem After eine eiweißhaltige Flüssigkeit ab und pumpt dann aus ihrer Atemöffnung Luftbläschen hinein. Eischnee also – aber er ist nicht sonderlich fest, sondern löst sich beim Waschen des Weidenröschen-Gemüses samt der Larve sofort ab.

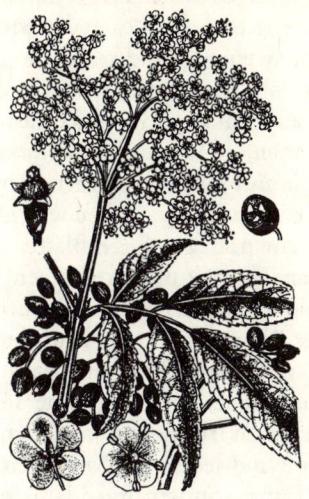

Schwarzer Holunder

Beim Holunder ist jetzt Halbzeit und Pause: Die Blüten sind dahin, die Beeren noch lange nicht reif.

Von den Blüten haben wir reichlich geerntet und viele Flaschen blumigen Sirups daraus bereitet – Holunderduft für Sommer- und Winterabende. Es gibt mehrere Rezepturen für diesen Sirup. Wir haben fünfzig Dolden mit fünf Litern abgekochten Wassers übergossen, drei Tage stehengelassen, dann abgeseiht, die Flüssigkeit mit fünf Pfund Zucker und einem Teelöffel Zitronensäure aufgekocht und gleich aus dem Entsaftertopf auf Flaschen gefüllt. Ich kenne kein anderes Getränk, das so ausdrücklich blütenhaft schmeckt und das Ätherische bewahrt.

Alles andere am Holunder ist gar nicht ätherisch, sondern kräftig bis derb. An den unwirtlichsten Stellen setzen sich die Sträucher durch, wachsen ohne jeden Beistand so schnell heran, wie es ungeduldige Heckengärtner nur wünschen können, und bieten dann Jahr für Jahr ihre cremefarbenen Blütenteller dar – meist vergeblich, denn Hollerküchlein, Blütensirup und auch der Saft der Beeren gehören zu jenen bescheidenen altmodischen Genüssen, die wir über dem verlockenden Angebot exotischer Schlemmereien schier vergessen haben.

Mit den Holunderbeeren steht es in diesem Jahr freilich nicht zum besten: Nur wenige Dolden haben zögernd ein paar Früchte angesetzt. Wir wissen nicht, woran das liegt. Und nicht nur der sonst so zuverlässige Holunder gibt uns solche Rätsel auf: Im Juni begannen die Wasserlinsen plötzlich zu erbleichen, inzwischen sind sie fast alle abgestorben; der Wilde Wein, vor zwei Jahren an die Südwand der Scheune gepflanzt, trippelt auf der Stelle, bildet ein paar zwergige Blätter und klettert nicht weiter; bei Schwanenblume und Igelkolben wurden die Blattspitzen braun, und es gab keine Blüten, auch bei der Türkenbundlilie starb der Blütenansatz von heute auf morgen.

Das alles kann unterschiedliche und ganz »normale« Ursachen haben – aber ist es denn die reine Hysterie und nicht vielmehr nüchterner Wirklichkeitssinn, der uns hinter jeder welkenden Knospe und jedem verdorrenden Trieb nicht mehr das Walten der Natur, sondern irgendeine menschliche Untat vermuten läßt? Ist es Verfolgungswahn, wenn wir den Bauern von nebenan mit seinen Herbiziden für die Unfruchtbarkeit des Holunders verantwortlich glauben und uns bei jedem Regen bange fragen, ob er wirklich nur Wasser spendet und nicht dazu noch lebensfeindliche Stoffe über unseren Garten sprüht?

Da wird uns die verdorrende Knospe zum Unheilszeichen, und wenn es denn Grillen sein sollten, die uns plagen, so kommen sie doch nicht von ungefähr. Die Verpestung hat kein Ende, und der Garten, wo immer er liegen mag, ist nicht gefeit gegen die Gifte, mag er auch noch so umsichtig und »biologisch« gehegt werden. Er ist nicht gefeit, und er gibt uns, Irrtümer nicht ausgeschlossen, hie und da Zeichen für den Frevel, der draußen begangen wird.

Er macht uns Freude, der Garten, aber mit jedem solchen Zeichen vergrößert er auch unsere Trauer und unseren Zorn über die vernichtende Völlerei, gerade jetzt, da man jubelnd die neuen Märkte begrüßt und den Wachstumsraten entgegenfie-

bert, die doch nichts anderes sind als die Gegenbilder von Zer-
störungsraten.

Wir gehen in den dämmerigen Garten, die Fledermäuse hu-
schen über den Teich, ein Frosch flüchtet vor uns ins Wasser.
Und Gott sprach zu Noah: »Furcht und Schrecken vor euch sei
über allen Tieren auf Erden und über allen Vögeln unter dem
Himmel, über allem, was auf dem Erdboden wimmelt, und über
allen Fischen im Meer; in eure Hände seien sie gegeben.« Die
Nachtkerze entfaltet ihre Blüten, aber uns fröstelt, und das
kommt nicht vom Abendwind ...

Über die Kultur des Knoblauchs schreiben die Gartenbücher,
man solle im Frühjahr oder Herbst die Zehen in die Erde stecken
und könne dann sechs Monate später die Knollen ernten. Das ist
nicht falsch, aber es ist nur die halbe Wahrheit. Die andere Hälfte
wird uns beharrlich verschwiegen, sie ist das immer noch unent-
deckte Geheimnis erfolgreicher Knoblauchgärtnerei.

Immerhin geben manche Gartenbücher zu, daß man den
Knoblauch auch ziehen könne, indem man die Brutzwiebeln
pflanzt, die er massenhaft anstelle der Blüten erzeugt. Aber, so
heißt es dann weiter, in diesem Fall müsse man bis zum übernächsten Jahr auf die Knollen warten. Hier liegt der Hase im
Pfeffer!

Wenn wir nämlich im September die Brutzwiebeln von den
Blütenböden lösen, auf gelockertem Beet ausstreuen und leicht
andrücken, dann entwickeln sich daraus bis zum Juni des nächsten Jahres mindestens haselnußgroße Jungzwiebeln, und diese
brauchen wir nun *nicht* in der Erde zu lassen, bis sie, im nächsten
Jahr, zu ausgewachsenen Knollen geworden sind, sondern wir
können sie ernten. Sie sind genauso scharf und knackig wie die
Zehen der Knolle, halten genauso lange und – das ist der Sinn der
ganzen Veranstaltung – ersparen uns eine Enttäuschung. Denn
da der Knoblauch Wärme liebt, bildet er in unseren Gärten oft
nur kleine Knollen mit enttäuschend schmalen Zehen aus, während die Jungzwiebeln all unsere berechtigten Erwartungen an
guten Knoblauch erfüllen. Natürlich muß ein kleiner Bestand
der Jungzwiebeln weiter kultiviert werden, damit wir wieder
blühende Pflanzen mit neuen Brutzwiebeln bekommen.

Es bleibt mir unbegreiflich, warum diese ganz unproblematische Variante der Knoblauchkultur so konsequent totgeschwiegen wird. Für mein Teil suche ich sie zu verbreiten, indem ich Jahr für Jahr Brutzwiebeln verschenke, in der Hoffnung, daß ich in die Gartengeschichte eingehe als derjenige, der die Knoblauch-Jungzwiebel-Kultur durchgesetzt hat. Welch hohem Ziel ich auch mit Vorstehendem gedient zu haben hoffe.

»Was bitter ist dem Mund, ist innerlich gesund« heißt ein Sprichwort – wahrscheinlich ein neueres, denn in einem alten würde es nicht heißen »innerlich«, sondern zum Beispiel »dem Leib«. Im Zitatenschatz kramend, könnte man wahrscheinlich noch mehrere Hinweise darauf finden, daß das Bittere und das Heilsame, das Bittere und das Süße, das Bittere und das Läuternde auf allen Ebenen des Lebens eng benachbart sind und daß das Schmerzliche (»bittere Reue«) zugleich das Wohltätige sein kann.

Von den Metaphern wieder in die Realität zurückkehrend, gelangen wir zum Likörschränkchen und finden dort verschiedene Sorten von Magenbittern. Wenn wir sie alle durchprobiert haben, stellen wir fest, daß der eine zu süß, der andere zu langweilig und der dritte *zu* bitter schmeckt, und wir beneiden die Amerikaner, die vor hundert Jahren über mehrere hundert verschiedene »Bitters« verfügen konnten. Freilich sollten wir sie nicht zu sehr beneiden, denn ihre Bitterschnäpse waren oft genug nur der Ersatz für ordentliche Medikamente, die sie nicht beschaffen oder nicht bezahlen konnten: Die Bitters wurden von Quacksalbern als Heilmittel und manchmal als Allheilmittel angepriesen. Da gab es zwischen dem Good-Hope-Bitter und dem Kaiser-Wilhelm-Bitter wohl auch allerlei sehr zweifelhafte Mixturen.

Heute sind die kleinen Flaschen mit ihren oft skurrilen Formen und Etiketten zu begehrten Sammelobjekten geworden, und für ein Fläschchen Simon's Centennial Bitter von 1875 in Gestalt einer Büste von George Washington muß man tief in die Tasche greifen.

Wie der Name sagt, enthalten die bitteren Liköre eine Mischung aus bitteren Pflanzenauszügen. Es kommt aber bei den Bitterstoffen gar nicht so sehr auf ihre Herkunft an – das Bittere wirkt als solches heilsam, weil es eben bitter schmeckt, da hat das Sprichwort ganz recht. Die Bitterkeit weckt den Appetit, regt den Fluß der Magensäfte und der Galle an und erzeugt auch oft spontan das Gefühl, Verkrampfung, Unbehagen und Stauungen seien schon dabei, sich aufzulösen.

Und weil es nur auf die Bitterkeit ankommt, ist es um so leichter, den eigenen Bitter aus den Pflanzen des eigenen Gartens zu komponieren. Die eine oder andere der in Betracht kommenden Arten ist sicher vorhanden und kann jetzt noch geerntet werden, sonst wäre sie fürs nächste Jahr zur Aussaat vorzumerken. Hier eine kleine Auswahl:

Die Blätter von Fieberklee, vom Gundermann, von Beifuß, Tausendgüldenkraut und Artischocke und, mit vorsichtiger Sparsamkeit, die von Wermut, Erdrauch und Schafgarbe; die Wurzeln von Löwenzahn, Wegwarte, Kalmus, Echtem Engelwurz und Nelkenwurz; die weiblichen Blüten-»Zapfen« des Hopfens; die Früchte der Mariendistel.

Besonders hervorheben möchte ich dabei die Echte Engelwurz (*Angelica archangelica*), weil sie eine ehrwürdige alte Gewürz- und Heilpflanze ist, die leider nur noch sehr selten kultiviert wird. Dabei ist sie mit ihren dekorativen Blättern und den handtellergroßen grünlich-gelben Blütendolden ein wahres Prachtstück, wird mannshoch und eignet sich vortrefflich als Begleitpflanze im feuchten Randbereich von Gräben oder Teichen. Wer keinen Magenbitter brauen will, kann aus der aromatischen Engelwurz-Wurzel einfach einen magenstärkenden Tee aufbrühen.

In vielen Magenbittern ist auch die Enzianwurzel enthalten; aber wer einen Enzian in seinem Garten hat, wird ihn nicht für einen Magenbitter ausgraben wollen.

Was wir ausgewählt und geerntet haben, trocknen wir bei sanfter Wärme. Wurzeln schneiden wir zuvor in kleine Stücke, die Mariendistel-Samen quetschen wir im Mörser.

Nun fehlen noch die aromatischen Bestandteile, die die Bitterkeit mildern, ferner einige spezifisch auf Magen, Galle und Appetit wirkende Ingredienzien, und schließlich die Süße, die wir freilich nicht durch Zucker erzeugen, sondern mit Hilfe der Lakritze. Nicht alles können wir aus dem Garten holen – die *Pomeranzenschale* zum Beispiel: Sie trägt ein wenig Bitterkeit bei, vor allem aber ein angenehmes Aroma, und wirkt zusätzlich appetit- und verdauungsanregend. Wer auf so Exotisches verzichten will, dem bleiben für die süßlich-aromatische Komponente die *Kamille* und die *Pfefferminze* (beide wirken auch beruhigend und krampflösend auf den Magen) und von den

Echte Engelwurz

Duftpelargonien diejenigen, die nach Orange und Zitrone duften.

Am wichtigsten aber, sowohl für die erwünschte wohltuende Wirkung als auch für den würzigen Geschmack, sind die Früchte von vier Doldenblütlern: *Anis, Koriander, Kümmel* und *Fenchel*. Alle enthalten ätherische Öle von mild-würzigem Geschmack und sind imstande, wärmend und besänftigend alles Verkrampfte in Magen und Darm zu lösen. Vorteilhaft ist es, die Früchte vor der Verwendung im Mörser zu zerstoßen, damit sie die in ihren holzigen Zellen eingeschlossenen Öle freigeben.

Einen anderen, kaum minder wichtigen und in der Volksmedizin von alters her als Magenmittel verwendeten Doldenblütler können wir nicht in der Apotheke kaufen, sondern müssen ihn im Garten selbst heranziehen – die Bärwurz (*Meum athamanticum*). Von ihr sollen freilich nicht die Früchte, sondern die Wurzeln unseren Magenbitter bereichern. Auf kalkarmen Gebirgswiesen kommt die Bärwurz wild vor, als Gartenpflanze ist sie schier vergessen worden, kein Gartenbuch nennt sie, obwohl die wunderschön und haarfein gefiederten Blätter eine ganz besondere Augenweide sind – auch noch in der Salatsauce; ihr Geschmack läßt an Fenchel und Dill denken, ist aber von ganz eigener Art. Cremeweiße Blütendolden schweben im Juni über dem dichten Grün; wenn sie verblüht sind, kann man die Wurzeln ausgraben, einen Teil davon neu pflanzen, den Rest kleinschneiden und für den Magenbitter trocknen.

Was könnte man tun, um die Bärwurz wieder in den Kräutergärten heimisch zu machen? Am besten: man erklärt sie zum Geheimtip, zum untrüglichen Ausweis echter Kennerschaft, weit über Schnittlauch und Petersilie hinaus.

Gänse-Fingerkraut

Die wichtigsten Magen-, Darm- und Gallekräuter hätten wir nun zusammen. Ich würde noch das Gänse-Fingerkraut (*Potentilla anserina*) hinzufügen, dem man eine gute krampflösende Wirkung auf Magen und Darm zuschreibt. Es ist allerdings im Garten ein wegen seiner langen Ausläufer etwas aufdringlicher Gast, und draußen findet man es vor allem an Wegrändern und Brachstellen, genau dort also, wo man mit mancherlei Bodengiften rechnen und mit dem Einsammeln von Kräutern vorsichtig sein muß.

Und schließlich noch eine mögliche, aber nicht nötige Zutat:

der Baldrian – wenn es ein »nervöser« Magen ist, der da drückt. Natürlich nehmen wir keine gekaufte Baldriantinktur, sondern zerkleinerte Wurzeln, vielleicht die Wurzeln der Sämlinge, die sich so zahlreich im Garten verstreut finden, wenn wir auch nur *eine* Baldrianstaude besitzen.

Natürlich werfen wir nun nicht alle unsere Kräuter, Wurzeln und Früchte zusammen. Vielmehr sollten wir, teelöffelweise, Mischungen komponieren, die Anteile notieren und nach und nach durch immerwährendes Probieren den Magenbitter herausfinden, der uns und unseren Gästen am besten schmeckt. Wie bitter darf er sein? Wie sehr soll die Minze durchschmecken? Wieviel Anis oder wieviel Koriander empfinden wir als angenehm aromatisch?

Als Faustregel mag nur gelten: Zehn gehäufte Teelöffel Kräuter auf eine Flasche Korn, für kleinere Probeansätze entsprechend weniger. Wer unbedingt ein Rezept haben will, mag es mit diesem versuchen: drei Teelöffel Bitterdrogen (zum Beispiel Kalmuswurzel, Schafgarbe, Wermut, Fieberklee), zwei Teelöffel Kamille, zwei Teelöffel Pfefferminze, je einen Teelöffel Anis, Koriander, Kümmel und Fenchel.

Die Kräutermischung geben wir in eine Flasche, gießen den Korn darüber, verschließen die Flasche und stellen sie an einen mild-warmen Ort. Ab und zu schütteln wir, und nach zwei bis drei Wochen seihen wir den Magenbitter durch ein Tuch ab. Es fehlt ihm freilich noch die Süße, die ihn genießbar macht.

Natürlich nehmen wir zum Süßen nicht einfach Zucker, sondern den gekochten Absud aus der Wurzel der Süßholz-Pflanze (*Glycyrrhiza glabra*) oder, was auf dasselbe hinausläuft, fertige Lakritze aus der Apotheke; sie löst sich leicht in unserem Magenbitter auf, trägt auch ein wenig zu dessen Bitterkeit bei und fügt all den anderen Heilstoffen noch einen hinzu, denn das süße Glycyrrhizin gilt seit alters als wohltätig für den Magen und wurde früher sogar mit Erfolg gegen Magengeschwüre angewandt.

Wieviel Lakritz man in den Magenbitter gibt – das ist, wie die ganze Rezeptur, Geschmackssache.

Wer »seinen« Magenbitter gefunden hat, sollte einen Namen dafür erfinden und ein Etikett schreiben, und darauf sollte der Satz stehen: »Vor dem Essen zu trinken« – denn all die magenstärkenden, galleanregenden, wärmenden und entkrampfenden Substanzen, die wir aus den Pflanzen ins Glas gebracht haben, entfalten ihre Wirkung am besten bei noch nicht gefülltem Magen.

Fast alle Gartenscheren lachen, manche freundlich, manche höhnisch. Wer das einmal bemerkt hat, wird bei der Auswahl einer neuen Gartenschere Umsicht walten lassen. Es kann ja auf die Dauer nichts Gutes bringen, wenn man mit einer höhnischen Schere in den Garten geht. Und wenn die Melancholie uns beutelt, so daß wir in den Garten fliehen, dann würde uns der Hohn der Schere irritieren, während die freundliche Schere uns hilft, die Schwärze zu besiegen, indem sie ihre Kiefer lächelnd auf und ab bewegt, ein Stück nach dem anderen von der Melancholie abschneidet und uns begütigend zuredet:

Den Sinn des Lebens, sagt sie, findet man im Garten zwar auch nicht unverhüllt auf dem Weg liegend, aber doch die eine oder andere Andeutung davon. Zum Beispiel den Hinweis, daß auch ohne uns alles weiterwächst; die Welt kommt auch ohne uns zurecht, sie geht einfach weiter und weiter, es gibt eine Kontinuität, die unser gar nicht bedarf. Freilich kann es sein, daß gerade der Melancholiker dies als Kränkung und nicht als Trost empfindet, doch sollte er dann darüber nachdenken, woher er das Recht nimmt, sich gekränkt zu fühlen von einer Welt, die auch ohne ihn weitergeht: Für dieses Recht findet er keinen Grund.

Und dann sieht er, wie seine Pflanzen, jede für sich, das ihnen vorgegebene Wesen verwirklichen, mit Unbeirrbarkeit und Selbstverständlichkeit; wenn die Grundbedürfnisse erfüllt sind, kennen diese Geschöpfe keinen Irrtum und kein Scheitern.

Indem der melancholische Gärtner die Entfaltung verfolgt, ihre Stufen wahrnimmt – auch das Zögern, oder umgekehrt: die schnellen Sprünge der Entwicklung –, spürt er am lebenden Beispiel die Möglichkeit des Gelingens, und eben nicht nur als Eigentümlichkeit von Kreaturen, die den Verirrungen der Gefühle und der Vernunft enthoben sind, sondern als eine grundsätzliche, schließlich auch ihm selber zukommende Möglichkeit. Hier irgendwo, denke ich, liegt der wirksamste Grund für den therapeutischen Nutzen des Gartens – weit oberhalb der – sicher auch nicht zu verachtenden – Wohltaten der Beschäftigungstherapie.

Es müssen nicht die schlimmsten Krankheiten sein, die uns an die Endlichkeit und Eitelkeit unseres Tuns erinnern. Ein simpler Bandscheibenvorfall genügt: Eingezwängt in den Schraubstock der Schmerzen sitzt man regungslos Wochen und Wochen am Fenster, unfähig sogar zum Lesen – und draußen absolviert der Garten, still für sich, das letzte Kapitel des Sommers und das erste des Herbstes. Samenstände reifen heran, über Nacht tauchen Pilzkolonien aus dem Boden auf, und die Kapuzinerkresse, aus deren Blüten und Blättern pikante Salate bereitet werden sollten, wächst sich zum Bodendecker aus und läßt überall ihre dicken gefurchten Samen rollen.

Und wir können nur zusehen, wie unser Werk vergeht. Ein Jahr oder bestenfalls zwei, und man vermöchte nur noch zu ahnen, daß hier einmal eine Pflanzenfülle geordnet und bewahrt wurde. Was wird aus unserem Garten, wenn wir nicht mehr da sind? Wird man ihn roden und pflastern? Wird man eine Garage bauen, wo jetzt die Minze wuchert und der Borretsch immer noch himmelblau blüht? Und wird irgend jemand bemerken, daß es hier den schmalblättrigen, verholzenden Strauchwegerich (*Plantago sempervirens*) gibt, ein Gewächs, das uns vorführt, zu welchen Verwandlungen der Blatt- und Wuchsform eine Gattung fähig ist, je nach den Lebensbedingungen der Weltgegend, in der sie sich behaupten muß? Niemand wird sich darum scheren. Auch der Garten ist sterblich.

Aber eben deshalb (und nicht im Gedenken an kommende Generationen, die ohnehin alles anders machen) geht man, sobald die Bandscheibe es erlaubt, hinaus, befreit den hölzernen Wegerich von der Kapuzinerkressen-Decke und nimmt Hege und Pflege wieder auf: Gäste sind wir gleichermaßen, die Pflanzen und die Gärtner, Dauer ist nicht gewährt, aber gerade die Hinfälligkeit verbindet uns und läßt uns um so sorgsamer und umsichtiger sein.

Noch ist Zeit, eine ganze Schüssel der letzten Dahlienblüten zu ernten. Bald wird der erste Frost die ganze Pracht in einer einzigen Nacht auslöschen, und dann müssen wir uns eilen, die Wurzelknollen aus dem Boden zu nehmen, um sie trocken und frostfrei zu überwintern.

Kaum eine Blüte wirkt so künstlich wie die der Dahlie. Aberhunderte von Züchtungen, darunter solche mit eingerollten, fast stacheligen Blütenblättern, präsentieren eine endlose Vielfalt von Variationen – aber irgendwie sehen sie alle aus, als wären sie aus Buntpapier maschinell erzeugt. Das einzige, was mich verlockt, dennoch die Knollen im Herbst aus der Erde zu holen und im nächsten Mai wieder einzupflanzen, ist die Tatsache, daß die Blütenblätter einen nicht nur bunten, sondern dazu herb-würzigen, säuerlich-aromatischen Salat ergeben. Abgezupft, mit wenig Öl und Salz angemacht, sind sie wirklich eine Delikatesse, und wer sich nicht traut, sollte sie wenigstens als Zugabe zu grünen Salaten verwenden.

Früher hießen die Dahlien auch Georginen (sowohl Georgi als auch Dahl waren Botaniker und Schüler Linnés), und wer will, kann sie auch mit dem Namen *Cocoxochitl* anreden – so hießen sie bei den Azteken im alten Mexiko, der ursprünglichen Heimat dieser Pflanze. Vor ganz genau zweihundert Jahren kamen die ersten Samen nach Europa, und zwar nach Madrid. Der Versuch, die Dahlie exklusiv den Gärten des spanischen Hofes vorzubehalten, mißlang (wie viele ähnliche Versuche), und die Dahlie wurde im 18. Jahrhundert zu einer der Modeblumen, deren jeweils neueste Sorten teuer bezahlt werden mußten.

Hat jemand Hemmungen, so strahlende Blüten einfach zu zerzupfen und auf den Tisch zu bringen? Aber vom Brokkoli essen wir skrupellos die Knospen, auch von der Artischocke, deren Blüten weit prächtiger sind als die der Dahlie; Holunderblüten tauchen wir in Pfannkuchenteig, und mit Rosenblättern kocht und bäckt man seit Jahrhunderten ...

Im vorigen Jahr haben wir Reisig und Äste, die beim Durchforsten des alten Obstgartens anfielen, zu Wällen an der Grundstücksgrenze aufgeschichtet. Sie sollten langsam vermodern, sollten Igel und Kröten und Spinnen im Winter beschützen und vielleicht auch den Rehen die Eigentumsverhältnisse deutlicher machen, damit sie nicht weiter in unseren Garten vordringen.

Nun lese ich, daß ein Gärtner namens Benjes über solche Totholz-Wälle ein ganzes Buch geschrieben hat und daß man sie deshalb in Naturschutzkreisen neuerdings Benjeshecken nennt. Wenn es der Verbreitung dieser Methode dient, will ich mich dem Sprachgebrauch gern anbequemen, obwohl ich (nein, ich! ruft die Gärtnerin dazwischen, und sie hat recht), also: obwohl sie den Wall erfunden hat. Er müßte also Dahl-Wall heißen – aber ich finde es ziemlich albern, solche gärtnerischen Praktiken nach ihren Erfindern zu nennen, und zwar allein deshalb, weil man immer annehmen darf, daß auch vorher schon jemand drauf gekommen ist. (So habe ich vor vierzig Jahren das Abdecken der Zwischenräume zwischen den Erdbeerreihen mit Dachpappe »erfunden«, aber man hat mich dafür ausgelacht. Inzwischen gibt es Folien dafür ...)

Was aber die Benjeshecke angeht, so ist sie wirklich für alle, die genug Platz haben, eine elegante Möglichkeit, totes Holz loszuwerden und zugleich einen «Biotop» zu schaffen, der bald mit Kräutern durchwächst, Gehölzsämlingen ersten Schutz gibt, in seinem Inneren voller Leben ist und sich (zumal wenn wir nachhelfen und etwa ein paar Brombeeren dazupflanzen) in wenigen Jahren zur richtigen Hecke entwickeln wird.

Immer noch duftet der trockene Steinklee-Strauß ganz leise vor sich hin – vier Monate ist er jetzt alt. Ich kenne kein anderes einheimisches Kraut, dessen Wohlgeruch in einem Raum so lange anwesend bleibt, und sei es zum Schluß nur noch als Hauch, wenn ein Luftzug das Bündel bewegt.

Was da duftet, nach feinstem Heu mit etwas Honig, ist vor allem das Cumarin, wie es auch im Waldmeister vorkommt – allerdings in einer anderen chemischen Bindung, so daß getrockneter Waldmeister sich mit dem Steinklee-Strauß an Ausdauer nicht messen kann. Empfindliche Menschen sollen vom Cumarin-Duft Kopfschmerzen bekommen, weshalb man von der einst beliebten Waldmeister-Bowle inzwischen abrät.

Unvergeßlich ist meiner Nase der überwältigende Duft im Kräuterlager einer französischen Likörfabrik, eine in ihren Nuancen nicht zu trennende Mischung süßlicher und würziger Komponenten. Nur wenn, wie dort, die Kräuter in großen Mengen lose gebündelt und kaum verpackt daliegen, können ihre Düfte ganze Räume anhaltend erfüllen, denn unsere Nase braucht eine Mindestanzahl von Duftmolekülen, um etwas zu riechen. Man müßte ein Kräuterzimmer haben, Platz für ganze Stapel von Minze, Thymian, Salbei, Eberraute, Bohnenkraut ... und eben Steinklee.

Der Steinklee (*Melilotus*) lebt draußen unstet auf Brachland, wandert gern an Wegrändern und Bahndämmen entlang und schießt dort auf, wo seine Samen einen offenen Boden vorgefunden haben. Im Binnenland gibt es zwei einander sehr ähnliche Arten (an der Küste noch zwei weitere) – den Weißen Steinklee (*Melilotus albus*) und den gelb blühenden Echten Steinklee (*M. officinalis*). Beide sind zweijährig, lassen sich leicht aus dem Samen ziehen und sind mit ihrer hochaufrechten Gestalt, den zahlreichen traubigen Blütenständen und dem lichten Blattwerk schön anzusehen, wenn sie sich frei entfalten und verzweigen können. Die kleinen Fiederblätter haben Gelenke und legen sich, wenn es dunkel wird, flach zusammen wie die Blätter der (entfernt verwandten) Mimose.

Von den Bienen wird der Steinklee seines Honigreichtums wegen sehr geschätzt, weshalb man ihn früher oft als Bienenweide anbaute, daneben auch zur Bodenverbesserung und Gründüngung, denn seine Wurzeln reichen einen Meter tief, und in den Wurzelknöllchen leben stickstoffbindende Bakterien.

Auch medizinisch hat man den Steinklee in großem Umfang genutzt, besonders für Umschläge bei Wunden und Entzündungen, gegen Krampfadern und Hämorrhoiden. Bei dem englischen Autor Fairfax aus dem 17. Jahrhundert findet man das Rezept für einen Badezusatz gegen die Melancholie, der aus Steinklee, Kamille und Milch bereitet werden sollte, und in manchen Gegenden Deutschlands hieß der Steinklee »Mottenklee«, weil man ihn zwischen die Kleider legte, um die Motten zu vertreiben. In der Schweiz gibt es einen mit Steinklee zubereiteten, scharf-würzigen Reibkäse, den mir eine Leserin schickte.

Es sei, so schrieb sie, der einzige, nur im Kanton Glarus hergestellte grüne Reibkäse der Schweiz, und ich erkannte darin den beinharten, schräg zulaufenden Kegel wieder, der in meiner Jugend oft auf dem Abendbrottisch stand und so scharf schmeckte, daß ich mich immer fragte, wie man so etwas mögen könne. Nun erfuhr ich, daß man ihn auch frisch essen kann und daß es ein Mannli gab, welches die Stöckli an der Haustür verkaufte.

Die Leserin erinnert sich: »Früher, zu meiner Kinderzeit, wurde dieser Käse vom ›Schabzieger-Mannli‹ in der ganzen

Deutschschweiz vertrieben; er kam etwa zweimal im Jahr, mit einer Kiepe voller Schabzieger-Stöckli am Rücken, und so ein Stöckli reichte aus, bis er wieder auftauchte. Solange der Käse frisch und weich war, schnitt man feine Scheibchen davon ab, vermischte sie mit Butter und strich diese ›Lausesalbe‹ aufs Brot oder aß sie zu Pellkartoffeln. Man ißt ihn heute noch so. Der ausgetrocknete, hartgewordene Rest wurde dann fein gerieben, in einem Glas aufbewahrt und als rassige Beigabe in geröstete Mehlsuppe gestreut.«

Die Bezeichnung »Lausesalbe« erklärt sich daraus, daß der zum Würzen des Käses verwendete Steinklee auch als Insektenpulver verwendet wurde. Es gibt auch noch eine andere, mit dem Steinklee eng verwandte Pflanze, die derart doppelt nutzbar ist, als Käsewürze und Mottenpulver (und übrigens noch für viele andere Zwecke), und die zu deutsch Schabziegerklee heißt. Ihre Blätter sollen noch stärker als die des Steinklees nach Cumarin duften, und dies so dauerhaft, daß der Geruch noch an über hundert Jahre alten Herbariumsexemplaren bemerkbar sei.

Ich habe mir gleich Samen besorgt und den Schabziegerklee (*Trigonella coerulea*) ausgesät. Einjährig ist er, stammt aus dem Mittelmeergebiet und wird blau blühen, während eine andere bei uns früher angebaute und gelegentlich verwilderte Art der gleichen Gattung gelbe Blüten trägt: der Bockshornklee (*T. foenumgraecum*). Seine Samen werden oft zur Anzucht von Keimgemüse angeboten, aber wer ihn einmal versucht hat, wird ihn künftig meiden: Schon ein kleines Schälchen Bockshornklee-Keime bewirkt, daß man drei Tage lang am ganzen Körper durchdringend nach Curry riecht – aber nach einem ganz billigen, denn der echte wird aus edlen Gewürzen gemischt und mit Bockshornklee höchstens verfälscht.

Trotzdem säe ich den Bockshornklee jedes Jahr wieder im Garten aus, denn dort entwickelt die sonst nicht besonders auffällige Pflanze eine Sehenswürdigkeit, nämlich eine bis zwölf Zentimeter lange, leicht gekrümmte, schön geschnäbelte Samenhülse. Aussäen sollten den Bockshornklee auch jene, die einmal erleben wollen, wie das ist, wenn man mit einem Duft so vollkommen imprägniert ist, daß man nie weiß, ob man sich widerwärtig oder sensationell finden soll. Sie können den

Bockshornklee

Bockshornklee so essen, wie es schon die alten Ägypter getan haben – Blätter und Samen mit Milch zu einem Gemüse gegart.

Befragt, wo denn der Grund gelegt worden sei zu ihrem Interesse an Pflanzen und Tieren, erzählte H. von einem großen Tisch in der Schule, vor vierzig Jahren; darauf lag, was Schüler und Lehrer von draußen hereingebracht hatten: Zweige, Schneckenhäuser, Galläpfel, Vogelnester, Wurzeln, Blütenstände. Name und Art wurden auf einem Zettel vermerkt, alles blieb eine Zeitlang liegen, und täglich kam Neues hinzu. Die Wechselausstellung ermunterte zu eigenen Beobachtungen, die Kenntnis der Formen und Namen wurde zwanglos eingeübt.

Warum sollten wir nicht auch im Haus einen solchen Tisch haben, zu dem jeder, der etwas Bemerkenswertes findet, es hinträgt und damit die anderen teilnehmen läßt: Früchte, Knospen, Blüten, Samenschoten, Blätter (unter einer Glasplatte), tote Käfer und Schmetterlinge, leere Puppenhülsen, Moose, Pilze, Steine, natürlich auch seltsam geformte oder gemusterte Hölzer – eine Art von Gabentisch mit dem Reiz der Überraschung und der Freude über das Empfangene. Gerade im Winter gibt es vieles zu entdecken im Formenleben der toten oder ruhenden Pflanzen – nicht dekorative Blüten, aber verborgenere Schönheiten und Lebensspuren. Die dargebotene Vielfalt weckt die Aufmerksamkeit für das einzelne. Das Sehen muß man lernen – und man lernt es am besten, indem man ein und dasselbe Ding immer wieder und wieder ansieht. Wer sich dabei ertappt, daß er in solches Anschauen »versinkt«, der ist auf dem richtigen Wege.

Schön und bizarr ist zum Beispiel das Wurzelwerk des Süßholzes (*Glycyrrhiza glabra*), wenn es sich trocknend einrollt. Ich habe die Art im vorigen Jahr zum ersten Mal gepflanzt – so ist die Wurzel zwar gerade dick genug zum Kauen, aber die Bamberger Süßholzweiber vor dreihundert Jahren hätten so etwas nicht feilzubieten gewagt: Bei der Süßholzkultur früherer Jahrhunderte (vor allem um Bamberg und in Thüringen) begann man mit der Ernte erst im vierten Jahr nach der Pflanzung. Mindestens fingerdick mußten die Stücke sein.

Das Süßholz ist eine Pflanze des östlichen Mittelmeergebietes, kommt aber auch in Rußland bis hinauf nach Südsibirien wild vor und übersteht unsere Winter so gut, daß es aus Kulturen oft verwilderte und dann als schwer auszurottendes Unkraut lästig fiel. In den Wurzeln und den zahlreichen Ausläufern ist der etwas bitter schmeckende Süßholzzucker (Glycyrrhizin) enthalten. Man gewann aus den unterirdischen Teilen die Lakritze und verwendete sie als Süßigkeit, mehr aber noch als Medikament für Erkrankungen der Luftwege und des Magens, ferner für Malerfarben, Stiefelwichse und Kautabak. Schon vor fast zweitausend Jahren kannte und rühmte der griechische Arzt Dioskurides den Lakritzensaft.

Die Wirkung des Süßholzwurzelkauens bei Husten und Heiserkeit ist so schnell und überzeugend, daß wer noch raucht, sich sein Süßholz selber ziehen sollte; es hilft so gut wie irgendwelche teuren Heiserkeitstabletten, und die milde Bitterkeit scheint mir magenstärkend zu sein.

Freilich muß man auf der Hut sein: Die schwächste der von mir im Frühjahr ausgebrachten Süßholzwurzeln war bis zum Herbst weit mehr als einen halben Meter tief in den Boden vorgedrungen. Ich kann mich also nicht dafür verbürgen, daß diese offenbar sehr kraftvolle Pflanze nicht im Garten Verdruß bereitet und daß man gar nicht so viel husten kann, wie man es müßte, um sie aufzubrauchen.

Aber reizvoll wäre es schon, den Kindern zu zeigen, wie man echte Lakritze bereitet: Man kocht die (geschälten!) Wurzeln mit Wasser gut durch und dickt diesen Absud dann auf kleiner Flamme so lange ein, bis er zäh und dunkel ist. Etwas umständlicher ist das Hustensaftrezept eines alten englischen Arztes:

Einen Teelöffel Leinsamen, drei Teelöffel pulverisierte Süßholzwurzel und ein Viertelpfund Rosinen kocht man in einem Liter Wasser so lange, bis nur noch ein halber Liter übrig ist. Dann gibt man ein Viertelpfund braunen Kandis hinzu sowie einen Eßlöffel Essig oder Zitronensaft. Eine Tasse zur Nacht soll die Erkältung heilen, kleine Schlucke tagsüber helfen gegen den Husten.

Wer das im nächsten Winter probieren will, muß bald die Süßholzpflanzen bestellen, wer es jetzt schon nötig hat, mag seine »Radix Liquiritiae« für diesmal in der Apotheke kaufen.

Daß große Bäume zu nah ans Haus gepflanzt werden, ist einer der häufigsten Fehler bei der Anlage kleiner Gärten. Möglichst viel will man da unterbringen und bedenkt nicht, daß es mit den Bäumen genauso ist wie mit Kindern, Katzen und Hunden: Sie werden größer und größer, und dann sind sie nicht mehr so allerliebst, sondern ganz schön anspruchsvoll (mit gutem Recht, wie ich eilig hinzufüge).

Die Libanonzeder im schmalen Vorgarten – allzuleicht verlockt sie uns zu billigem Spott, doch sollten wir für möglich halten, daß sich da nicht Protzsucht am falschen Platz ausgetobt hat, daß vielmehr jemand einen seiner Baumträume wahrmachen wollte und vergessen hat, daß zum Baum der Raum gehört, in einem weiteren Sinne: nicht nur der Raum, den die Äste sich nehmen wollen, sondern auch der freie Raum als ein Feld für die Kräfte und Spannungen, die die Krone des Baumes umhüllen und formen.

Wer den Gedanken, daß der Raum den Baum formt, abwegig findet, mag sich mit einem rein geometrischen Augenexperiment begnügen und einmal wahrzunehmen versuchen, wie die konturierenden Linien einer Krone stets über sich selbst hinausweisen und, um vollständig zu werden, des Umraumes bedürfen.

Man kann nicht alle Bäume, die man gern sieht, im eigenen Garten haben, und manchmal nicht einmal den *einen*, den man über alle anderen liebt. Aber dieser Nachteil der Bäume enthält zugleich ihren Vorteil: Die Größe der Bäume bringt es mit sich, daß sie weithin sichtbar sind und folglich allen »gehören«, die sie sehen können. Eine vertraute Beziehung kann sich da zu vielen Bäumen in Anlagen und Alleen und fremden Gärten ergeben, auch eine Freundschaft zu bestimmten Baumarten, die man begrüßt, wo immer man sie sieht. Für mich gehört dazu eine Pappelart, die Graupappel (*Populus canescens*), die man am Niederrhein und in Holland häufig als Straßenbaum antrifft. Sie ist eine Kreuzung zwischen Silberpappel und Zitterpappel; ihre Rinde unterscheidet sich deutlich von der Rinde anderer Pappelarten, und die Astnarben sehen uns an wie die großen, tiefen Augen eines Buddha, geheimnisvoll und ein bißchen drohend: Wann kommt das Tempolimit?

Wenn das Laub fehlt, sieht man mehr aufs einzelne: auf die Rinde zum Beispiel, auf die Knospen. Der Winter ist eine gute Zeit, um den Grundstock eines Gehölzherbariums zu legen, mit Rinden, Aststücken, Knospen, möglichst auch mit Holzproben, die man quer und längs schneidet. Vor zweihundert Jahren hat der landgräflich hessische Ökonomie-Direktor von Wilhelmshöhe, Carl Schildbach, eine solche Sammlung aufgebaut, die berühmte, einst 546 Bände umfassende »Xylothek«, die im Kasseler Naturkundemuseum hinter Glas bei schonend schummrigem Licht zu sehen ist.

Die »Bände« sind buchförmig aus Brettchen des betreffenden Holzes, auf dem Rücken mit Rinde beklebt, innen mit getrockneten oder aus Papier und Wachs imitierten Blättern, Blüten und Früchten. Auf die Innenseite des Kastendeckels hat Schildbach eine handschriftliche Beschreibung des Baumes geklebt und an die Rückseite zwei Klötzchen: einen Kubikzoll-Würfel mit der Angabe des Trockengewichtes und einen verkohlten Kubikzoll-Würfel mit der Angabe des Heizwertes. Übrigens wuchsen alle 546 Arten der Xylothek in den Anlagen des Lustschlosses Weißenstein bei Kassel.

Der Charme der Rinden-Rücken ist verlockend, und man müßte, um sich etwas Ähnliches zu schenken, ja auch nicht unbedingt Holzkästen zimmern (obwohl sie zweifellos die passendsten Gehäuse darstellen), sondern man könnte sich mit stabilen Kartons begnügen. Holzproben, Rinden, Aststücke, gepreßte Blätter, Blüten und getrocknete Früchte, auch die art-spezifischen Gallen, all das könnte sich dann mit der Zeit zu-sammenfinden – im Wald, beim Schreiner, in Gärten und Parks.

Und wo auch nur zwei Dutzend solcher »Bände« im Regal stehen, da würden jedenfalls die Kinder wieder Eichen und Buchen und Kiefern und Fichten unterscheiden lernen – sogar von außen an der Rinde.

Bald ziehen die Schwalben nach Südafrika. Wir hoffen, daß sie im nächsten Jahr wiederkommen, obwohl wir ihnen auf dem Lindenhof die Kuhfladen nicht mehr bieten können, die sie zum Bau ihrer Nester brauchen. Auch in diesem Jahr mußten sie schon ohne dieses Baumaterial auskommen und haben deshalb einige von den sechzehn alten Nestern bezogen, die im früheren Bullenstall an den Deckenbalken kleben – aber ich weiß nicht, wie viele Jahre sie sich mit solchen Altbauwohnungen zufriedengeben. Vorsichtshalber werden wir den Bullenstall jedenfalls nicht renovieren, höchstens die Wände kalken und den Mittelpfosten reparieren, der jahrelang bis zu den Waden im Mist gestanden hat und nun, abgefault, frei in der Luft baumelt.

Alle anderen Pläne für den Bullenstall müssen wir, solange die Schwalben kommen, auf Eis legen. Denn von April bis September regnet es »Guano«, von mehreren Schwalbenpaaren und von ihren Jungen, die in der ersten Zeit noch etwas unentschlossen drinnen herumhocken, auch von den Eltern noch gefüttert werden.

Ein paar Tage später zischen sie einem dann schon um die Köpfe, wie die Alten, und sie sind genauso geschickt wie diese im schnellen Ausweichen. Unwillkürlich duckt man sich, aber das ist nicht nötig: Im Vergleich zur Reaktionsgeschwindigkeit der Schwalben sind unsere schnellsten Bewegungen immer noch lächerlich langsam.

Den schwarzweißen Schwalbendreck lassen wir natürlich nicht ungenutzt, er wird als Jauche angesetzt, der Überschuß getrocknet. Mehr braucht der ganze Garten nicht an Dünger als das, was die zwei Dutzend Rauchschwalben in einem halben Jahr erzeugen. Es wird ja in deutschen Gärten viel zuviel gedüngt – *auch* mit Kompost! – und viel zuwenig experimentiert: Man versorge doch einmal eine Reihe Pflücksalat wie gewohnt mit Kompost und lasse nahebei eine zweite Reihe ohne solche Hilfe heranwachsen, und man wird staunend feststellen, daß Sonne, Luft und Wasser, dazu das immer tätige Bodenleben

allein imstande sind, Salatblätter zu erschaffen – und daß ein
»Mehr« und »Größer« bei den gedüngten Pflanzen durchaus
ein Weniger an Güte bedeuten kann. Man muß das einmal aus-
probiert haben, um es recht zu erfassen.

Pfefferminze

Lange blühen die wildwachsenden Minzen, manche bis in den
Oktober hinein, während die vielerlei Kulturformen meist
schon im August verblüht sind und bald danach ein wenig
»spitz« zu riechen beginnen. Es ist ein ganz charakteristischer
Geruch, der, wie alle charakteristischen Gerüche, in Worten
nicht zu beschreiben ist. Wenn Dieselöl gären könnte, dann
würde ich sagen: Sie riechen wie gärendes Dieselöl. Offenbar
werden jetzt einige Inhaltsstoffe abgebaut und den überwin-
ternden Rhizomen als Reserve zugeführt, und was übrigbleibt,
erzeugt diesen Geruch, der für mich zu den ersten Anzeichen
herbstlicher Neige gehört, wie manche anderen dunkleren Düfte des Spätjahrgartens.

»Frühherbst« ist jetzt – nach dem üblichen Sprachgebrauch
der Phänologen, die das Jahr nach botanischen Kriterien, vor
allem nach Blütezeiten, einteilen, womit die Jahreszeiten je
nach der Landschaft angemessener zu unterscheiden sind als

nach astronomischen Merkpunkten. Der »Frühherbst« beginnt nach diesem Kalender mit der Blüte der Herbstzeitlosen zwischen Ende August und Mitte September, der »Vollherbst« mit der Aussaat des Winterroggens und der »Spätherbst« dann, wenn auch die allerletzten Blätter fallen.

Aber reden wir noch nicht vom Laubfall, da uns doch noch so viele spätsommerliche Sonnen leuchten: von Sonnenhut und Sonnenauge, Sonnenbraut und Sonnenblume. Und währenddessen beginnen wir unter den Linden des Lindenhofes, anstelle der feuchten Hahnenfußwiese eine Schattengesellschaft anzusiedeln. Stauden, die im September umgepflanzt werden, wurzeln vor dem Winter noch gut an und erwachen im nächsten Frühjahr erfrischt und gestärkt.

Wir werden den Hahnenfuß-Bestand nicht umgraben, sondern mit Hilfe einer Variante der schon beschriebenen Zeitungs-Methode untergehen lassen:

Eine spatenblattgroße Stelle wird gejätet und gelockert, und dann wird zum Beispiel ein Beinwell eingesetzt, angedrückt und angegossen. Dann legen wir Zeitungsblätter in daumendikker Lage rund um die Pflanze, so nah wie möglich an den Stengel, wie eine große Halskrause, nach jeder Seite hin mindestens eine halbe Zeitungsseite breit.

Am Rand der Halskrause wird die nächste Pflanze eingesetzt und wiederum mit einem Zeitungskragen umgeben. Zum Schluß werden die Zeitungen mit einer dünnen Schicht Sand oder Mulch bestreut.

Auf diese Weise erobern wir uns Quadratmeter für Quadratmeter das Hahnenfuß-Reich. Im Sand oder Mulch werden sich schon bald die ersten Zufalls-Sämlinge recken, und vielleicht verrotten dann die Zeitungen so bald, daß es gar nicht mehr nötig ist, nach einem Jahr (noch besser erst nach anderthalb Jahren) ihre Reste herauszuklauben.

Das Verfahren erspart uns nicht nur die Schwerarbeit des Umgrabens und die Geduldsarbeit des Wurzelauslesens – der größte Vorteil scheint mir vielmehr darin zu liegen, daß wir für jede einzelne Etappe, also für jede neue Pflanze, höchstens eine Viertelstunde brauchen und daß wir das ganze Vorhaben, wie groß es auch sei, in solchen Teilschritten verwirklichen können, immer dann, wenn wir gerade eine Viertelstunde erübrigen können. Manche schönen Pläne im Garten scheitern ja daran, daß wir vergeblich auf die freien Tage warten, die wir dafür zu brauchen glauben.

An der Hausecke, wo das Regenfallrohr endet, wird ein besonders feuchter, teilweise sumpfiger Bezirk entstehen, mit Beinwell und Schildblatt, Trollblume, Baldrian, Weiderich, Nelkenwurz, Mädesüß, Wasserdost und mit dem Geißbart im Hintergrund. Die Auswahl feuchtigkeitsliebender Schattenpflanzen ist sehr groß – im Waldschatten, in dem diese Pflanzen sonst leben, fehlt es ja nicht an Feuchte –, während die Zahl der Pflanzen, die Licht *und* Wasser entbehren können, sehr begrenzt ist. Das mindeste, was Schattenpflanzen brauchen, ist ein »frischer«, also mildfeuchter und niemals ganz austrocknender Boden.

Zu den wenigen Ausnahmen von dieser Regel gehört nach meinen Erfahrungen der Weinbergs-Lauch (*Allium vineale*), der meist anstelle der Blüten (eßbare) Brutzwiebeln trägt.

Er überdauert auch im trockenen Schatten. In diesem Jahr war es zur Zeit der Blüte regnerisch und trübe, so daß die Brutzwiebeln gleich nach dem Aufplatzen der Hülle des Blütenstandes austrieben. Die grüne Nadelkugel bot ein überraschendes Bild. So finden wir im Garten immer wieder statt der erwarteten Gestalten ganz unerwartete, die uns die Wandelbarkeit (und die Grenzen der Wandelbarkeit) vorgegebener Formen vor Augen führen. Und wenn uns die Neugier packt, dann können wir die Pflanze befragen: was ihr am liebsten sei und wie sie auf Veränderungen der Lebensbedingungen antwortet. Ist es das Licht, ist es die Feuchtigkeit, oder hat es etwas mit dem Boden zu tun, ob der Weinbergs-Lauch Blüten oder Brutzwiebeln bildet, ob diese früh austreiben und ob sie überhaupt lebensfähig sind?

Auch mit den Blütezeiten können wir experimentieren. Viele Pflanzen – zum Beispiel gerade jetzt die Herbstastern – blühen bei sonnigem Stand viel eher als in teilschattiger Lage. Da können wir durch kluge Verteilung im Garten leicht dafür sorgen, daß die Blütezeit um zwei oder drei Wochen verlängert wird: Wenn es in der Sonne damit zu Ende geht, fängt es im Schatten erst an. Das sind legitime Kunstgriffe, mit denen wir Freuden verlängern, die wir dann ohnehin lange genug entbehren müssen.

Was man so abschätzig einen Atavismus nennt, ist in den meisten Fällen angenehm und vergnüglich. Wahrscheinlich gehört die Freude am Garten zu den Atavismen, bestimmt aber das Bedürfnis, im Garten Feuer zu machen.

Das erste Feuer in einem Garten ist ein Akt der Besitzergreifung: Was man anderswo nicht ohne weiteres darf, kann man hier ganz ungeniert tun, jedenfalls dann, wenn der nächste Nachbar so weit weg wohnt, daß etwa entstehender Qualm sich auflöst, ehe er jenen erreicht. Feuer machen heißt: Hier bin ich und hier bleibe ich, solange es mir paßt.

Ein Atavismus also, eine kaum zu unterdrückende, immer wieder aufsteigende Erinnerung an uralte Erlebnisse, Gewohnheiten, Freuden. Das Feuer wärmt und erleuchtet, es vernichtet alles Morsche und Unreine, man kann Fleisch darin garen und Ton darin brennen, und immer sitzt man davor, allein oder mit anderen, und stochert in der Glut, daß die Funken tanzen.

Den Feuerplatz im Garten sollte man sorgfältig aussuchen und ausprobieren – und dann wirklich nur noch als Feuerplatz benutzen. Es ist ja nicht auszuschließen, daß in der Asche die Feuergeister schlafen, und denen muß man, damit sie nicht unwirsch werden, einen festen Platz gönnen.

Einen festen Platz hatte das Feuer auch im Jahresverlauf. Es gab und gibt zuweilen noch Osterfeuer und Maifeuer zur Abwehr von Schaden, Johannisfeuer zur Reinigung von Mensch und Tier, Martinsfeuer als Dank- und Opferzeremonie.

Oft war dabei nicht nur das Feuer von Bedeutung, sondern auch die Kohle, die übrigblieb und die ja, jenseits alles Zauberischen, auch ganz profanen Nutzen bringen kann, als Heizmaterial und als heilender Stoff für Mensch und Tier und Boden. Mein hundertfünfzig Jahre altes Hausfrauenlexikon lehrt, daß die Holzkohle ein ausnehmend wirksames Mittel ist, »üble Gerüche aller Art zu beseitigen, sei es, daß man sie direct mit den übelriechenden Substanzen mengt, oder gut ausgebreitet in die Räume bringt, die mit üblen Gerüchen angefüllt sind. So kann man bei fauligen Durchfällen den Gestank gar sehr dadurch vermindern, daß man von Zeit zu Zeit eine hinreichende Menge Kohlenpulver in den Nachtstuhl schüttet.«

Erst recht für den Gärtner aber ist die Holzkohle ein ebenso billiges wie wohltätiges Hilfsmittel, von dem die Gartenbücher freilich längst nicht mehr künden – nicht einmal jene, die sich »biologisch« nennen. Man hat die Holzkohle einfach vergessen. Jenes alte Hausfrauenlexikon meldet immerhin noch, daß Holzkohlenstaub, »eines Fingers dick« auf die Beete gestreut, Kohl und Zwiebeln vor Raupen und Pilzkrankheiten schützt – aber das gilt keineswegs nur für Kohl und Zwiebeln.

Ich verwende die fein gemörserte Holzkohle vor allem im Vorfrühling bei der Aussaat und Vorkultur von Pflanzen am Fensterbrett: Hier schützt sie zuverlässig vor den mit Recht gefürchteten »Auflaufkrankheiten«, also dem Wegfaulen der eben aus der Topferde lugenden, noch ganz wehrlosen Sämlinge. Gleich nach der Aussaat wird die Oberfläche mit einer dünnen, aber dichten Schicht Holzkohle abgedeckt – und die Kohle dafür bereiten wir selbst, im Garten.

Das ist ein kleines Fest für sich, und im letzten Sommer haben wir es bei einem Pflanzenseminar mit vielen Kindern begangen: Man gräbt ein Loch, das mindestens so groß wie ein Eimer sein muß, gern aber auch viel größer sein darf, doch so bemessen, daß man es mit irgendeiner verfügbaren Blechplatte abdecken kann. Es sollte nicht tiefer sein als einen halben Meter.

Der Boden der Grube wird mit geknüllten Papier bedeckt, darüber kommen Äste, Scheite und Brettchen und was sonst an sauberem Holz greifbar ist. Dann wird das Papier angezündet, und der kleine Scheiterhaufen darf so lange brennen, bis alle Stücke gut Feuer gefangen haben. Erst wenn dies der Fall ist, decken wir die Meilergrube ab. Sie muß nicht luftdicht verschlossen sein, es mag ein bißchen aus den Ritzen qualmen, aber das Holz soll nun nicht mehr brennen, sondern langsam verkohlen. Das kann eine ganze Nacht dauern, und dann braucht es noch einmal einen Tag zum Abkühlen.

Was wir schließlich aus der Grube holen, ist nicht nur nützlich, sondern auch schön: Die Strukturen des Holzes bleiben bis ins kleinste erhalten, aber sie sind gespreizt, geschrumpft, verbogen und manche so bizarr, daß man sich scheut, die spröden Stücke im Mörser zu zerreiben.

Isabel, die Knochenkundige, hatte mir genau gezeigt, wie ich – der Bandscheiben wegen – sitzen und liegen und jäten soll. Alles wirklich Bequeme ist jetzt verboten und das Kauern im Garten zudem als kreislaufschädigend entlarvt. Weise wäre es, alsbald Gehölze zu pflanzen und Hochbeete anzulegen, dann braucht man sich in ein paar Jahren nicht mehr zu bücken. Langsam bröckelt der Gärtner.

Isabel wollte kein Honorar, aber sie wünschte sich ein Kräuterbeet für ihren neuen Garten.

Wir Gärtner haben es gut: Das ganze Jahr über beschenkt uns der Garten mit Dingen, die wir weiterschenken können. Blumensträuße und Früchte, Hustentee und Topfblumen, Gewürzsträuße und Süßholzwurzeln, bizarres Trockenzeug und duftende Winterblüten, Rosensirup und Kräuteröle und noch viel mehr können wir erschaffen. Das erspart uns den Kauf von Geschenken und Mitbringseln, und was wir dann schenken und mitbringen, das enthält ein Stückchen von uns selbst, von der Zuneigung und Freude, mit der wir bei der Vorbereitung daran gedacht haben, daß dies irgendwann irgend jemandem Vergnügen bereiten wird.

Isabel bekam also einen Kräutergarten, ein Dutzend kleiner Töpfe mit den wichtigsten Würzpflanzen, natürlich mit Namensschildchen versehen. Solche Jungpflanzen stehen bei uns immer bereit, auch den Winter über, denn das Auspflanzen aus Töpfen ist zu jeder Jahreszeit ganz ohne Probleme.

Oregano war in dem Kräuterkasten, Schnittlauch, Salbei, zwei verschiedene Minzen, Zitronenmelisse, Pimpinelle, Sauerampfer, auch der Wermut, den man zwar in der Küche, wenn überhaupt, nur ganz sparsam verwenden darf (zum Gänsebraten), der aber zu einem schönen großen Strauch heranwächst; seine getrockneten Zweige sollen im Haus Insekten vertreiben – Grund genug, ihn im Kräutergarten zu ziehen. Isabel jedenfalls war es zufrieden.

Auch die Winterheckzwiebel war vertreten, eine viel zuwenig geachtete Pflanze. Sie liefert uns in der kalten Jahreszeit frischen Schnittlauch und erspart uns damit die Mühe, Schnittlauchballen ins Haus zu holen, um sie in Töpfen am Fenster austreiben zu lassen. Unverdrossen und fast unabhängig von der Temperatur, läßt die Winterheckzwiebel immer neue

Sauerampfer

Schlotten wachsen, die zwar derber als die des Schnittlauchs sind, aber ebenso gut schmecken. Von den Wochen des ärgsten Frostes abgesehen, können wir sie bedenkenlos und immer wieder ernten.

Damit nicht genug: Wo die Winterheckzwiebel einmal Fuß gefaßt hat, greift sie mit sanfter Entschiedenheit um sich und bildet einen dichten, immer größeren Bestand. Wenn er groß genug geworden ist, können wir die ganzen Pflanzen mit ihren Wurzeln herausziehen wie Porree, und dann sehen wir, daß die Winterheckzwiebel gar keine Zwiebel hat, sondern nur einen dicken Fuß, den man natürlich in der Küche mitverwenden kann. Wer auf diese Weise die Winterheckzwiebel als Gemüse nutzt, der hat in ihr ein »Dauergemüse«, also eine Pflanze, für die er nichts anderes zu tun braucht, als sie in Ruhe zu lassen und bei Bedarf davon zu ernten, für all die Gerichte, die sonst mit Porree zubereitet werden.

Zeichen des Herbstes: Die filigranen Florfliegen tauchen plötzlich im Hause auf, um mit uns zu überwintern, und draußen haben wir drei Riesenboviste aufgelesen, jeder so groß wie ein Fußball und drei Pfund schwer, frisch und weiß und fast ohne

Abfall zu verwerten, also neun Pfund feinstes lockeres Pilz-
fleisch, das beim Braten kaum Wasser verliert (im Gegensatz zu
so vielen anderen Pilzen), hingegen ganz unglaubliche Mengen
Öl aufnimmt. Man brät daumendicke Scheiben wie Steaks (*me-
dium*) und gibt, zum Beispiel, Semmelknödel und Möhrensalat
dazu (oder Reis und Tomatensalat).

Vor drei Jahren hatte die Gärtnerin von einer Reise einen
überreifen, braun stäubenden Riesenbovist mitgebracht, und
wir waren, um die Sporen auszustreuen, mit dem federleichten
Ball überall herumgelaufen, wo wir uns Boviste hätten denken
können: unter den Pappeln, auf der Gänsewiese, im grasbe-
wachsenen Innenhof, an der Hecke. Wo aber kamen jetzt die
Boviste zum Vorschein? Auf der an den Garten grenzenden
Kuhweide, wo sie nun wohl, wenn es gutgeht, alle Jahre wieder
auftauchen werden, über Nacht schneeweiß ins Riesenhafte
wachsend und dann, nicht ganz so schnell, zur braunen Kugel
reifend, die alles Wasser verliert und zum Schluß aussieht wie
ein Schaumgummiball, den irgendwann der Wind zerfetzt, die
Sporen weitertragend.

Aber aus Pilzsporen werden nur dann wieder Pilze, wenn all
ihre Bedürfnisse in bezug auf Nährstoffe und Feuchtigkeit (und
wer weiß was sonst noch) bis aufs I-Tüpfelchen erfüllt sind.
Deshalb ist kaum etwas im Garten so unberechenbar wie das
Auftauchen von Pilzen. Wo ihnen auch nur das Geringste fehlt,
da bleiben sie hartnäckig in der Möglichkeitsform ihres Sporen-
daseins unsichtbar. Ach, wer das doch könnte.

Von November bis Januar währt das trübe Vierteljahr, in dem der Gärtner unruhig mit den Füßen scharrt und gern mehr täte als das Wenige, was er jetzt tun kann. Womöglich war es dieser Wunsch, der bei den professionellen Gärtnern zur Entdeckung (oder Erfindung) der Steckholz-Vermehrung für Gehölze geführt hat. Mit dieser Methode kann man die Wintermonate nutzen, und nichts hindert uns daran, es den Berufsgärtnern gleichzutun und unsere Ungeduld mit Steckholz zu besänftigen.

Es ist das wundersamste Verfahren der Gehölzvermehrung, und schon deshalb sollte man es einmal praktiziert und mit eigenen Augen gesehen haben: Ein Stückchen Holz wird just zu dem Zeitpunkt, da es so gut wie tot zu sein scheint, abgeschnitten und erwacht im nächsten Jahr zum Leben, als wäre es ein Zauberholz aus einem Märchen.

Es gibt zwei Wege, um – bei frostfreiem Wetter! – zwischen November und Januar Steckholz zu gewinnen. Sorgsame Gärtner werden die altmodische Art wählen. Sie schneiden aus den unteren Bereichen der diesjährigen Triebe etwa bleistiftlange Stücke, *unten* eng unter einem Auge gerade abgeschnitten, *oben* knapp über einem Auge mit dem scharfen Messer sauber abgeschrägt; die obere Schnittfläche versiegeln sie mit Baumwachs, um die Verdunstung des Saftes zu verhindern. Das sind die perfekten Steckhölzer.

Die weniger perfekten, die gleichwohl kaum schlechter anwachsen, gewinnt man auf ziemlich rohe Art: Die diesjährigen Zweige werden gebündelt und mit der Säge zerlegt, so daß man in kürzester Zeit Hunderte und Tausende von Steckhölzern erhält, deren Schnittstellen irgendwo zwischen den Augen liegen und deren obere Enden auch nicht versiegelt werden.

In den Baumschulen pflegt man nun die so gewonnenen Steckhölzer in feuchten (nicht nassen!) Sand einzuschlagen und sehr kühl, aber frostfrei zu überwintern. Erst im Frühjahr werden sie, dicht beieinander, im Freiland in lockere, gut durchlüftete Erde gesteckt. Wir können uns aber die Überwinterung sparen und das Steckholz gleich in die Erde bringen (so sie nicht gefroren ist), und zwar stecken wir so tief, daß nur noch das obere Augenpaar zu sehen ist. Es kann durchaus sein, daß sich schon im Laufe des Winters der »Kallus«, das Wundgewebe, bildet; um so eher kommt es dann im Frühjahr zur Bewurzelung.

Der Kallus ist ein erstaunliches Gewebe – formlos vor sich hin wuchernd, scheinbar ohne jeden Plan für sein Wachstum, und dennoch fähig, aus der Ansammlung geschwulstartiger, undifferenzierter Zellhaufen irgendwann Wurzeln entstehen zu lassen – meist »über Nacht«. Dann kann die sich öffnende Knospe, die zunächst noch aus dem Nahrungsvorrat des Holzes lebt, Feuchtigkeit und Nährstoffe aus dem Boden empfangen und bringt alsbald den ersten Trieb hervor.

Wie schnell das Wachstum vor sich geht, das ist, ebenso wie die Bereitschaft zur Wurzelbildung, von Art zu Art unterschiedlich. Es gibt Gehölze, die auf diese Nötigung zur Neubildung zögernd oder unwillig reagieren, so daß von vielen Steckhölzern nur ein kleiner Prozentsatz angeht, und andere, die geradezu freudig zu Wurzelbildung und Austrieb bereit sind, so daß es kaum jemals Ausfälle gibt. Pappel und Weide gehören zu den letzteren.

Von den vielen Arten, die sich sonst noch für die Steckholzvermehrung eignen, seien nur ein paar wichtige genannt: Scheinquitte, Clematis, Ölweide, Sanddorn, Wilder Wein, Geißblatt, Pfeifenstrauch, Johannisbeere, Holunder, Spierstrauch, Tamariske, auch einige Hortensien und Rosen.

Nadelhölzer und wintergrüne Laubgehölze eigenen sich nicht – alles übrige ist eine Sache des Ausprobierens: Je zehn oder zwanzig Steckhölzer von allen Bäumen und Sträuchern unseres Gartens brauchen wenig Platz, und im Frühjahr wird es dann spannend abzuwarten, bei welchen Arten wir Erfolg gehabt haben.

Vielleicht gibt es ein paar Gärtner, die diese Anregung nicht nur, im Sessel sitzend, lesen und wieder vergessen, die vielmehr aufstehen und sich ans Werk machen.

Im einstigen Werkstatt-Keller des Lindenhofs wächst unser Wintersalat: Löwenzahn. Gegen Ende Oktober haben wir Dutzende der knackigen Pfahlwurzeln ausgegraben, gut abgewaschen (wegen der Schnecken und anderer Aftermieter), haben alle Blätter abgeschnitten und die Wurzeln dann in Eimer mit feuchtem Sand gesteckt, eine neben die andere. Schon nach vierzehn Tagen konnten wir die erste Portion der schnell nachtreibenden Blätter ernten.

Gemeiner Löwenzahn

Es muß nicht der Keller sein: Jeder mildwarme Raum ist geeignet, nur muß man auf irgendeine Weise dafür sorgen, daß die Pflanzen ganz und gar vom Licht abgeschlossen bleiben, etwa unter einem Pappkarton oder in einem Schrank. Stockdunkel muß es sein, damit sich gelblich-bleiche Blätter entwickeln, denen an löwenzähnischer Bitterkeit so viel abgeht, daß man sie unvermischt essen kann, und so viel verbleibt, daß Leber und Galle wohltuend angeregt werden.

Der Chicorée entsteht auf ähnliche Art, und die Botaniker nennen es Vergeilung oder, etwas höflicher, Etiolement: Die Blätter streben nach oben in der Hoffnung auf Licht, und solange sie es nicht erreicht haben, können sie auch kein Blattgrün bilden. Eine Mangelerscheinung also, aber sie wirkt veredelnd. Sanft wird der Geschmack, zart die Materie der Blätter.

Den Anzuchteimern einen Platz zu gewähren lohnt sich vielfach, denn aus den Wurzeln treibt es nach der Ernte wieder und wieder neu, über Wochen und Monate. Also essen wir den Löwenzahn nicht nur als Salat mit einer Senf-Sahne-Sauce, sondern bereiten ihn auch, mit Dill gewürzt, als Gemüse zu – und erst im Frühjahr, ehe die Kraft der Speicherwurzeln ganz erschöpft sind, pflanzen wir sie draußen im Garten in eine tiefe Rille nebeneinander. Dort dürfen sie sich erholen und neue Vorräte für den nächsten Winter sammeln, und wo der Löwenzahn sich im Garten aussät, stechen wir ihn nicht weg, sondern hofieren ihn: Wir brauchen ihn noch.

Der Efeu sei, so schreibt der Ritter von Perger in seinen ›Deutschen Pflanzensagen‹, als eine »gefallene Größe« zu betrachten, weil er vor Zeiten sehr geschätzt worden sei und erst in neuerer Zeit an Reputation verloren habe: Bei den alten Griechen war der Efeu dem Bacchus geweiht, diente auch zu Kränzen für die Dichter, und die frühen Christen betteten ihre Toten auf ein Lager aus den immergrünen, ewiges Leben verheißenden Efeuranken. Später gab es dann nur noch ein paar volkstümliche medizinische Anwendungen. Löffel aus Efeuholz sollten Halsweh verhindern und Efeuzweige die Schweine vor Bandwürmern und Verhexung schützen – wahrlich eine gefallene Größe: vom Bacchus zu den Schweinen, und gefallen auch insofern, als der Efeu uns zwar zum Bedecken düsterer Mauern tauglich erscheint, sonst aber ziemlich gleichgültig ist. Kaum

Gemeiner Efeu

jemand achtet darauf, welche Art oder Sorte da draußen wächst.

Dabei gibt es sehr viele sehr unterschiedliche Efeus. Jetzt, im Winter, da wir alles zu schätzen wissen, was grün ist, sollten wir ihm einen Besuch abstatten und seine Wandlungsfähigkeit bestaunen. Bei manchen Sorten scheint es geradezu, als sähen sie ihr Lebensziel darin, alle nur möglichen Variationen der Blattform durchzuspielen, mit Zwischenstufen und mit den abenteuerlichsten Formsprüngen.

Im Herbst habe ich eine Sammlung angefangen, auf wohlanständige Art, nämlich durch Bestellungen bei mehreren Baumschulen, wiewohl gerade beim Efeu der Reiz groß ist, die Sammlung weniger anständig, nämlich durch Diebstahl, zu ergänzen: Selbst das kleinste Zweiglein, auf einem Friedhof oder im Wald oder an einer alten Schloßmauer abgeschnitten, schlägt in feuchter Erde bereitwillig Wurzeln. Ich würde solche Entwendung, selbst wenn sie in meinem Garten geschähe, unter Mundraub zählen, verweise aber doch auch auf den Fachhandel, weil er eine größere Auswahl bietet als die Friedhöfe.

Die Nordwand des Lindenhofs soll eine Efeuwand werden. Aber einige Pflanzen werden an Stäben oder Zäunen angesiedelt, die kaum mehr als meterhoch sind. Der Efeu, der nicht weiterklimmen kann, resigniert auf eigene Art – er verwandelt sich langsam in einen lockeren Busch mit lappigen-eiförmigen Blättern und läßt, nach ein paar Jahren, im Spätherbst die ersten Blütenstände sehen. Diese strauchige Altersform des Efeus läßt sich durch Stecklinge vermehren, die sich dann niemals wieder ihrer Kletterfähigkeit erinnern, dafür aber reich blühen.

Vieles ist sehenswert am Efeu und bleibt zu oft ungesehen, wenn man ihn nur in dunklen Winkeln vor sich hin wachsen läßt, ohne gelegentlich bei ihm vorbeizuschauen: die veränderlichen Blätter, die Blüten spät im Jahr, die schwarzen Beeren im Januar, die büschelweise sprießenden Haftwurzeln, die zuerst weißfleischig sind und dann langsam verdorren, der Fuß des Hauptstammes, der Jahr für Jahr dicker und knorriger wird, und, am anderen Ende, die jungen weichen Triebspitzen, aus denen die neuen Blätter zunächst als merkwürdig gestauchte, flaumige, embryonale Gebilde hervorgehen, als winzige Plastiken, die sich erst später zur Fläche auswachsen. »Wachstum« ist ja, auch bei den Pflanzen, nicht einfach eine Vergrößerung, sondern auch ein Gestaltwandel, und viel vom Wesen einer Pflanze spricht sich im Temperament und im Forminventar dieses Wandels aus.

Als Idee für einen Kriminalroman reicht es wohl nicht, aber für eine Wette allemal: Wir können, wenn es jetzt friert, draußen im Garten einen Fingerabdruck hinterlassen, der noch im Sommer sichtbar sein wird und den kein Regen abzuwaschen vermag – und das nicht mit Farbe, sondern mit nichts anderem als dem Finger selber – auf einem Efeu-Blatt.

Je kälter es wird, um so dunkler färben sich die Blätter des Efeus; das liegt daran, daß bei niedrigen Temperaturen Wasser aus den Zellen in die Zwischenzellräume übertritt und die Luft aus ihnen verdrängt. Auf diese Weise werden die Blattzellen vor dem Eistod geschützt.

Der österreichische Lehrer Josef Gicklhorn fand vor Jahrzehnten auf der Suche nach anschaulichen Experimenten für seinen Biologieunterricht folgendes heraus. Wenn man ein im Frost dunkel gewordenes Efeu-Blatt zwischen zwei Finger nimmt und, ohne dabei Druck auszuüben (das ist wichtig!), mit den Fingerkuppen erwärmt, dann erholen sich die Zellen und nehmen das Wasser aus den Zwischenzellräumen wieder auf.

An den erwärmten Stellen erlangt das Blatt seine normale Grünfärbung, und das geht mit solcher Präzision vor sich, daß man die feinen Kapillarlinien des Fingerabdrucks als hellgrünes Muster auf dem dunkelgrünen Blatt erkennen kann.

Allerdings ist die plötzliche Erwärmung für die daran beteiligten Zellen tödlich: Das Muster wird später braun und ist noch nach Monaten wahrnehmbar.

Das kleine Experiment stammt übrigens aus einem fünfzig Jahre alten Buch mit dem Titel ›Botanische Versuche und Beobachtungen mit einfachen Mitteln‹. Sein Verfasser, der damals berühmte Wiener Pflanzenphysiologe Hans Molisch, war stets darauf aus, die Ergebnisse seiner sehr mannigfaltigen Forschungen für die Praxis des Gärtners nutzbar zu machen. So sind auch die im Verlag G. Fischer, Stuttgart, immer wieder aufgelegten ›Botanischen Versuche‹, wenn nicht brauchbar im Sinne des Nützlichen, so doch praktikabel in dem Sinne, daß sie den

Gärtner anregen, die Lebensleistungen der Pflanze an ausgesucht anschaulichen Beispielen zu beobachten. Was um so mehr zu begrüßen ist, als ja die Lehrbücher der Pflanzenphysiologie durch immer mehr Chemie inzwischen schier unlesbar geworden sind.

Gewissermaßen das letzte Kapitel der Pflanzenphysiologie ist das Welken, also der vorübergehende oder endgültige Wasserverlust, der Tod der Pflanze oder wenigstens ihrer oberirdischen Teile. Irgendwo habe ich einmal gelesen, daß die Japaner verwelkte Blumen nicht gleich aus der Vase reißen, sondern ihnen auch in diesem Zustand ästhetischen Reiz und tiefere Bedeutung abgewinnen. Tatsächlich schafft das Welken oft bizarre Formen, und es erinnert uns an die Hinfälligkeit des Lebens ebenso wie daran, daß manches Starre von großer Dauer ist.

Es läßt sich aus der welken Gestalt auch ablesen, welche Rolle das Wasser bei jeder einzelnen Pflanzenart für Volumen und Festigkeit von Sproß und Blättern und Blüten spielt: Aus welkenden Iris-Blüten tropft das Wasser, sie verdanken ihre ganze hochragende Festigkeit nur dem Innendruck der Zellen, während zum Beispiel die Blüten mancher Disteln auch im verwelkten, also wasserlosen Zustand so fest sind, daß sie sogar die Winterstürme überstehen. Die ganze Kunst der Trockensträuße beruht ja darauf, daß das Stützgewebe mancher Pflanzen, auch wenn es völlig ausgedörrt ist, seine Form behält.

Ich mag Trockensträuße nicht sehr gern – aber im Winter ist uns alles recht, sogar ein Trockenstrauß, der nur aus Samenständen der Herbstrübe besteht und der uns, wenn die Sonne darauf trifft, einen Abglanz sommerlichen Leuchtens schenkt.

Noch etwas Trockenes: Aus Stroh sind die krugförmigen Nistkörbe geflochten, die wir auf unserer sommerlichen Bootsfahrt über holländische Kanäle oft gesehen haben. Es gab sie auch zu kaufen, also haben wir einen mitgebracht und am Schönungsteich unserer Schilfkläranlage aufgestellt. Wir hoffen auf Mieter oder wenigstens durchziehende Gäste. In Holland werden die Körbe von Stockenten bezogen, aber vielleicht gibt es auch noch andere Vögel, die die Stroh-Höhlen zu schätzen wissen.

Einladend sieht der Korb aus, und schön ist er auch ohne Bewohner: Die alten Formen, aus den spezifischen Möglichkeiten eines schlichten Materials erwachsen, sind klar und einleuchtend, im Gegensatz zu manchem Plastikzeug, das die Gärten verunziert. Sollten wir nicht die Zeit aufbringen, auch unsere Nistkästen wieder selber zu machen, aus Stammabschnitten zu schnitzen oder aus Rindenbrettern zusammenzunageln, statt für teures Geld die aus Beton gegossenen zu kaufen? Wir brauchen ja ohnehin im kleinen Garten nur wenige – meist werden zu viele aufgehängt, ohne Rücksicht darauf, daß auch die Gartenvögel durchaus noch ein Revierverhalten zeigen, also die zu enge Nachbarschaft mit Konkurrenten scheuen.

Wer übrigens seine Nistkästen noch nicht ausgeräumt und gesäubert hat, sollte das spätestens jetzt tun und nicht erst dann, wenn die Vögel schon auf Wohnungssuche sind.

Im Hausflur blühen jetzt die Erbsenstrauch-Zweige, die wir vor Weihnachten geschnitten haben. Unter den frischgrünen Blättern sind die kleinen Blütenstände (die denen des Goldregens ähneln) kaum zu entdecken, aber das Blattwerk allein erzählt genug vom Frühjahr, das kommen wird. Unten in der großen Vase entwickeln sich imposante Wurzeln, wie Doppelkämme beiderseits mit schnurgeraden Nebenwurzeln besetzt, in deren unbeirrter Ordnung etwas von der Beharrlichkeit zum Ausdruck kommt, mit welcher der Erbsenstrauch (*Caragana*) gegen alle Widrigkeiten zu leben versteht. Hungerkünstler und Kraftprotz in einem. Vor zweihundertfünfzig Jahren hat man ihn aus Sibirien in die europäischen Gärten geholt, aber heute hat er nicht mehr viele Freunde, er macht zu wenig her und wird allenfalls dann geschätzt, wenn es darum geht, auf ärmsten Böden rasch eine Schutzhecke heranwachsen zu lassen. Aber vielleicht steckt doch mehr dahinter: In Sibirien ißt man die jungen Samenschoten als Gemüse – und das wollen wir im Sommer ausprobieren. So wird die Januar-Blüte im Hausflur zum Versprechen, daß es wieder ein Gartenjahr geben wird.

Im Text erwähnte Bücher

Guy Cooper/Gordon Taylor: Kräutergärten. Von der Schönheit und vom Nutzen der duftenden Paradiese. Gerstenberg Verlag, Hildesheim 1987

Goethe, Johann Wolfgang von: Die Metamorphose der Pflanzen. Verlag Freies Geistesleben, Stuttgart 1991

Gustav Jäger: Deutschlands Thierwelt nach ihren Standorten eingetheilt. 2 Bände, Stuttgart 1873/74

Michael P. Kerney/Robert A. Cameron/Jürgen H. Jungbluth: Die Landschnecken Nord- und Mitteleuropas. Ein Bestimmungsbuch für Biologen und Naturfreunde. Paul Parey Verlagsbuchhandlung, Hamburg 1983

Hans Molisch/Klaus Dobat: Botanische Versuche und Beobachtungen mit einfachen Mitteln. Verlag Gustav Fischer, Stuttgart ^{5}1979

Roland Rainer: Gärten. Lebenräume, Sinnbilder, Kunstwerke. Akademische Druck- und Verlagsanstalt, Graz 1982

Bezugsquellen für Pflanzen und Samen

Nicht alle in diesem Buch genannten Pflanzen sind im Standardsortiment der Gartencenter zu finden. Anschriften von Staudengärtnereien und Baumschulen, die auch seltenere Arten führen, erfährt man aus Gartenzeitschriften wie ›gartenpraxis‹, ›Kraut & Rüben‹ und ›Mein schöner Garten‹. Hier seien nur einige genannt:

Bornträger, Postfach 100, 67591 Offstein

Kayser & Seibert, Postfach 28, 64380 Roßdorf

Klose, Rosenstr. 10, 34253 Lohfelden

W. Lau, Lindenweg 17, 79737 Großherrischwand/Post Herrischried

Dr. H. Simon, 97828 Marktheidenfeld

Abbildungsnachweis

Die Abbildungen dieses Bandes sind der ›Illustrierten Flora von Deutschland‹ von August Garcke (17. Auflage, Berlin 1895) entnommen.

Register

Ackerringelblume 30
Algenfarn 68
Alraune, Echte 33
Aussaat 17 ff.

Bänderschnecke 62
Bärwurz 83 f.
Baldrian 85
Basilikum 54 f.
Bauernpfingstrose 43
Beinwell 15
Bier 24 f.
Bikini (Erbsensorte) 34
Bockshorn 18
Bockshornklee 92 f.
Bodenvorbereitung 9 f.
Brennesseln 13 ff.
Bundesgartenschau 64–67

Dachwurz 21, 36 f.
Dahlie 88 f.
Diptamdost 51
Dost 50 f.
Duftpelargonien 69

Echte Alraune 33
Echte Engelwurz 82
Edelpäonie 43
Efeu 110 ff.
Engelwurz, Echte 82
Erbsenstrauch 114
Exotische Gärten 35

Fetthenne, Große 42
Feuer 102 f.
Flechten 36
Folien, abdecken mit 47
Frostkeimer 31

Gänse 37, 52
Gänse-Fingerkraut 84
Gänseeier 52

Gartenwege 40 f.
Gemüsegarten 40 f.
Gewürzgarten 82
Giersch 43 f.
Giftbeere 18
Götterbaum 11
Gräser 52 f.
Graupappel 96
Große Fetthenne 42
Gundermann 39 f.

Hahnenfußgewächse 62 f., 100
Harz 45
Hecke 38
Heckenwäldchen 10 f.
Herbstaster 101
Heterokarpie 30
Heterophyllie 63
Hochbeet 65
Holunder 77 f.
Holundersirup 77
Holzbücher 96 f.
Holzkohle 102 f.
Hopfen 23 ff.
Hopfenzapfen 24

Indianernessel 57
Insekten-Nistkästen 20 f.

Kallus 69, 108
Kaltkeimer 32
Kapstachelbeere 18 f.
Klappertopf 32 f.
Klostergarten 41
Knoblauch 79 f.
Kombucha 69 ff.
Komposthaufen 27 f., 47
Koriander 48
Kot 28
Kräutergarten 41, 56, 104 f.
Kreuzkraut 14 f.
Küchenkräuter 104 f.

Lakritze 95
Lampionblume 18 ff.
Libellen 58 ff.
Lippenblütler 54 f.
Löwenzahn 108 ff.

Magenbitter 81
Majoran 49
Malven 71 f.
Maulbeerbaum, Schwarzer 21 f.
Maulbeerbaum, Weißer 21 ff.
Metamorphose der Pflanzen 63
Minze 99
Moos 35 f.

Nachtschattengewächse 18
Nelkenwurz 75 f.
Nitrate 13
Nistkörbe 113 f.

Oregano 50 f.
Origanum Onites 51

Päonie 43 f.
Perlfarn 25 f.
Pfingstrose siehe Päonie
Pflücksalat 27
Planung 16
Plattbauch 60
Pyrrolizidinalkaloide 14 f.

Rasen 52 f.
Raum 10 f.
Riesenboviste 105 f.
Ringelblume 29 f.
Rose 72–75
»Rasen-Syrup« 74 f.
Rasengrieß 74

Salbei 41 f.
Salat siehe Pflücksalat
Samen 17, 32 f., 115

Sand 9 f.
Schabziegerklee 92
Schaumzikade 76 f.
Schlehe 36
Schnecken 61 f.
Schneebeere 12
Schnirkelschnecken 61 f.
Schwalben 98
Schwarzer Maulbeerbaum 21 f.
Sempervivum 37
Sibirischer Ginseng 33
Steckapfel 18
Steckholz 107 f.
Stecklinge 69, 73
Steinklee 90 ff.
Stockrose 71
Strauchwegerich 88
Sukzession 53
Süßholz 85, 94 f.

Torf 9 f.
Totholzwälle 89
Trockensträuße 113
Thymol 57

Unkräuter 44, 46
Urpflanze 63 f.

Wanzen 48
Wasserlinse 67 f.
Weidenröschen 76 f.
Weinbergs-Lauch 101
Weißer Maulbeerbaum 21 ff.
Welken 113
Wiese 52 f.
Wilde Blasenkirsche 20
Winterheckzwiebel 105

Xylothek 96

Zaunwinde 44 ff.
Zeitungen, abdecken mit 46 f.

Wolf Uecker

Landluft

Zwei gelernte Großstädter und das Leben auf dem Lande - vor 12 Jahren kehrte Wolf Uecker mit seiner Frau der lärmenden Metropole Berlin den Rücken und zog auf einen alten Bauernhof in der Lüneburger Heide. In amüsanten und nachdenklichen Geschichten erzählt er von den unerwarteten Tücken der Idylle, den ungewohnten Strapazen körperlicher Arbeit, aber auch vom ganz anderen Erleben der Natur und dem großen Glück der kleinen Erfolge.

180 Seiten, gebunden

HOFFMANN
UND CAMPE

›Vom Glück,
mit der Natur zu leben‹

dtv 30049

dtv 30027

Naturbeobachtungen
aus dem Jahre 1906.
Mit zahlreichen farbigen
Illustrationen.
Blatt für Blatt dieses Tage-
buches zeugt von Edith
Holdens Liebe zur Natur
und ihrer Begabung,
das Erlebte empfindungs-
reich zu vermitteln.

Es war eine Sensation
in England, als man 1988,
zehn Jahre nach dem
Welterfolg ihres ersten,
Edith Holdens zweites,
aber früheres Natur-
tagebuch aus dem Jahr
1905 entdeckte, dessen
Authentizität durch
Sotheby zweifelsfrei
festgestellt wurde.
Auch diese Aufzeich-
nungen enthalten
meisterhafte Aquarelle.

Natur und Umwelt

dtv-Atlas zur Ökologie
Tafeln und Texte

Das Horst Stern Lesebuch

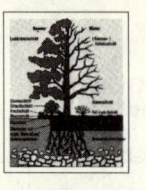

dtv
Sachbuch

Maureen & Bridget
Boland
Was die Kräuterhexen
sagen
Ein magisches
Gartenbuch
dtv 10108

Jügen Dahl:
Nachrichten aus dem
Garten
Praktisches, Nach-
denkliches und Wider-
setzliches aus einem
Garten für alle Gärten
dtv / Klett-Cotta
11164

Die Erde weint
Frühe Warnungen vor
der Verwüstung
Hrsg. v. Jürgen Dahl
und Hartmut Schickert
dtv / Klett-Cotta
10751

Dieter Heinrich /
Manfred Hergt:
dtv-Atlas zur Ökologie
Mit 116 Farbtafeln
dtv 3228

Henry Hobhouse:
Fünf Pflanzen
verändern die Welt
Chinarinde, Zucker,
Tee, Baumwolle,
Kartoffel
dtv / Klett-Cotta
30052

Edith Holden:
Vom Glück, mit der
Natur zu leben
Naturbeobachtungen
aus dem Jahre 1906
dtv 1766

Die schöne Stimme
der Natur
Naturerlebnisse aus
dem Jahre 1905
dtv 11468

Das Horst Stern
Lesebuch
Herausgegeben von
Ulli Pfau
dtv 30327

Liselotte Lenz:
Kleines Strandgut
Farbstiftzeichnungen
dtv 11281

Barry Lopez:
Arktische Träume
Leben in der letzten
Wildnis
dtv 11154

Frederic Vester:
Unsere Welt –
ein vernetztes System
dtv 10118

Neuland des Denkens
Vom technokratischen
zum kybernetischen
Zeittafel
dtv 10220

Ballungsgebiete in der
Krise
Vom Verstehen und
Planen menschlicher
Lebensräume
dtv 30007

wissen
und praxis

Die Bände der dtv-
Reihe ›wissen und
praxis‹ bieten grund-
legende Informationen
über chemische Stoffe
und physikalische Vor-
gänge, die für den
Alltag von großer
Bedeutung sind. Mit
Abbildungen, Tabellen
sowie vielen Tips und
praktischen Hinweisen.

Günter Vollmer/
Gunter Josst/
Dieter Schenker/
Wolfgang Sturm/
Norbert Vreden:
**Lebensmittelführer
Obst, Gemüse, Ge-
treide, Brot, Wasser,
Getränke**
Inhalte, Zusätze,
Rückstände
dtv/Thieme 11263

**Lebensmittelführer
Fleisch, Fisch, Eier,
Milch, Fett, Gewürze,
Süßwaren**
Inhalte, Zusätze,
Rückstände
dtv/Thieme 11264

Norbert Leitgeb:
Strahlen, Wellen, Felder
Ursachen und Aus-
wirkungen auf Umwelt
und Gesundheit
dtv/Thieme 11265

Günter Vollmer/
Manfred Franz:
**Chemie in Bad und
Küche**
Körperpflege, Kosme-
tika, Arzneimittel, Ge-
tränke, Nahrungsmittel
dtv/Thieme 11266
**Chemie in Hobby
und Beruf**
Farben, Holzschutz,
Korrosionsschutz,
Klebestoffe, Schweiß-
und Lötmaterialien,
Büromaterialien
dtv/Thieme 11267

Hoimar v. Ditfurth
im dtv

Foto: York-Foto, Freiburg i. Br.

Der Geist fiel nicht vom Himmel
Die Evolution unseres Bewußtseins

Die Entstehung menschlichen
Bewußtseins als notwendiges
Ergebnis einer Jahrmilliarden langen
Entwicklungsgeschichte. dtv 1587

Im Anfang war der Wasserstoff

Ein Report über 13 Milliarden Jahre
Naturgeschichte, angefangen vom
Urknall über die Entstehung des
»Abfallprodukts« Erde, über die
große Sauerstoffkatastrophe, die
Entstehung der Warmblütigkeit
(und damit die Voraussetzung für
das menschliche Bewußtsein) bis
hin zur Möglichkeit interplane-
tarisch-galaktischer Kommunikation.
Durchgehend verzeichnet Ditfurth
dabei das Vorherrschen von Vernunft. dtv 30015

Kinder des Weltalls
Der Roman unserer Existenz

Anhand wissenschaftlicher Erkennt-
nisse vollzieht Ditfurth nach, warum
auf unserer Erde Leben entstehen
konnte und wie unser Dasein von
ineinandergreifenden kosmischen
Vorgängen abhängt. dtv 10039

Wir sind nicht nur von dieser Welt
Naturwissenschaft, Religion
und die Zukunft des Menschen

»Dies Buch wird in der Überzeu-
gung geschrieben, daß die naturwis-
senschaftliche und religiöse Deutung
der Welt und des Menschen miteinander in Einklang zu bringen sind.«
(Hoimar von Ditfurth)
dtv 30058

Innenansichten eines Artgenossen
Meine Bilanz

Ditfurths letztes und reifstes Buch –
das Weltbild eines Denkers, der die
Grenzen zwischen den Wissenschaf-
ten überschritten hat. dtv 30022

Hoimar v. Ditfurth/Dieter Zilligen:
Das Gespräch
Mit zahlreichen Fotos

Hoimar v. Ditfurths letztes Inter-
view. Ein kraftvolles Vermächtnis des
großen Publizisten, Mahners und
Warners. dtv 30329

Zusammen mit Volker Arzt:

Dimensionen des Lebens
Reportagen aus der Naturwissenschaft auf der Grundlage der
Fernsehreihe »Querschnitte«.
dtv 1277

Querschnitte
Reportagen aus der
Naturwissenschaft
Zehn weitere Beiträge aus der
erfolgreichen Fernsehserie »Quer-
schnitte« in Buchform. dtv 30054

Konrad Lorenz
im dtv

**Er redete mit dem Vieh,
den Vögeln und den Fischen**

Unaufdringlich und humorvoll
schildert Lorenz die differen-
zierten Verhaltensweisen der
Tiere, die sein Haus in Altenberg
bei Wien bevölkert haben.
dtv 30053
(auch als dtv großdruck 25067)

So kam der Mensch auf den Hund

Der Hundebesitzer Lorenz zeigt
Entwicklungsgeschichte und
Verhaltensformen dieser Tierart
auf und erzählt mit viel Humor
von seinen Beobachtungen und
persönlichen Erfahrungen.
dtv 30055

**Das sogenannte Böse
Zur Naturgeschichte der Aggression**

Ein Schlüsseltext unserer gegen-
wärtigen menschlichen Selbst-
erkenntnis mit epochalem Rang,
der eine fruchtbare und nützliche
Diskussion über die natürlichen
Grundlagen des menschlichen
Daseins in Gang gesetzt hat.
dtv 30025

**Die Rückseite des Spiegels
Versuch einer Naturgeschichte
menschlichen Erkennens**

»Der fortschreitende Verfall unserer
Kultur ist so offensichtlich patho-
logischer Natur, trägt so offensichtlich die Merkmale einer
Erkrankung des menschlichen
Geistes, daß sich daraus die
kategorische Forderung ergibt,
Kultur und Geist mit der Frage-
stellung der medizinischen Wissen-
schaft zu untersuchen.« dtv 1249

Das Jahr der Graugans

Ein außergewöhnlicher Text- und
Bildband über die Lebens- und
Verhaltensweisen der Graugänse.
Mit 147 Farbfotos.
dtv 1795

**Antal Festetics:
Konrad Lorenz**

Eine lebendige und anschauliche
Biographie des Nobelpreisträgers
von seinem Schüler und
Weggefährten Antal Festetics.
Mit 250 Fotos.
dtv 11044

Lew Kopelew
im dtv

Foto: Isolde Ohlbaum

Aufbewahren für alle Zeit!

In schonungsloser Aufrichtigkeit
schildert hier ein Russe und Augen-
zeuge den Einmarsch der roten
Armee auf deutschen Boden. Tief
bestürzt berichtet er von den
Plünderungen, Vergewaltigungen
und Morden der eigenen Truppen
und Kampfgenossen. Nicht nur
sein moralisches Empfinden, auch
sein sozialistisches Bewußtsein
lehnte sich auf. Er versuchte, die
Ausschreitungen zu verhindern und
wurde verhaftet.
dtv 30024

Worte werden Brücken
Aufsätze, Vorträge, Gespräche

Der Ukrainer aus Moskau mit
lebenslanger Passion für deutsche
Kultur, Literatur und Geschichte,
engagiert sich unermüdlich für
die Verständigung und Vermittlung
zwischen den Völkern, für den
Brückenschlag zwischen Ost und
West. Hier sind Aufsätze, Reden
und öffentliche Gespräche zusam-
mengestellt, die Kopelew seit seiner
Ausbürgerung aus der Sowjetunion
im Jahre 1981 zu einer politisch-
moralischen Instanz des Geistes-
lebens der Bundesrepublik gemacht
haben. dtv 11085

**Der heilige Doktor
Fjodor Petrowitsch
Die Geschichte des Friedrich
Joseph Haass**

Vorwort von Heinrich Böll

Unter Einbeziehung authentischer
Zeugnisse erzählt Lew Kopelew
vom Leben und Wirken des Friedrich Joseph Haass, der im 19. Jahrhundert als deutscher Arzt in
Moskau zum Beschützer der
Geknechteten und Helfer der Kranken wurde. dtv 11510

Alfred Grosser
im dtv

Foto: Isolde Ohlbaum

**Geschichte Deutschlands
seit 1945**

»Nach wie vor der einzige, bemerkenswerte und im Rahmen der Möglichkeiten gelungene Versuch, die deutsche Nachkriegsgeschichte im Zusammenhang, und zwar für die beiden Nachbarvölker Deutschland und Frankreich zugleich, darzustellen.«
(Frankfurter Allgemeine Zeitung)
dtv 1007

**Mit Deutschen streiten
Aufforderungen zur Wachsamkeit**

Alfred Grosser erweist sich in diesen Reden und Aufsätzen aus den Jahren 1946 bis 1987 erneut als der kritische Beobachter, dessen Unbestechlichkeit und ermunternde Anteilnahme am Schicksal der deutschen Demokratie seinen öffentlichen Einfluß begründet haben.
dtv 11525

**Verbrechen und Erinnerung
der Genozid
im Gedächtnis der Völker**

Alfred Grossers leidenschaftliches Plädoyer für das beständige Erinnern an die Ermordung ganzer Völker oder Menschengruppen, für ein Gedächtnis in Verantwortlichkeit und bewußter Haftung, das nicht nur ethische Pflicht ist, sondern zu einer kreativen Kraft werden könnte, damit sich Klage und Trauer in politisches Handeln und Engagement verwandeln.
dtv 30366 (Juli '93)

Carl Friedrich von Weizsäcker im dtv

Foto: Isolde Ohlbaum

Wege in der Gefahr
Eine Studie über Wirtschaft, Gesellschaft und Kriegsverhütung

Dieses Buch »ist geeignet, den Blick für die politischen Realitäten im Atomzeitalter zu schärfen, die sonst gelegentlich an Konturen verlieren... Für Weizsäcker, wie für viele Kulturkritiker der Gegenwart, ist das bloße wissenschaftliche Denken ohnmächtig. Das Ziel eines Bewußtseinswandels ist eine ›von Liebe ermöglichte Vernunft‹.« (Wehrwissenschaftliche Rundschau) dtv 1452

Deutlichkeit
Beiträge zu politischen und religiösen Gegenwartsfragen

Was heißt Verteidigung der Freiheit gegen Terrorismus und Repression? Hat das parlamentarische System eine Zukunft? Welche Chancen und Risiken birgt die friedliche Nutzung der Kernenergie? Gehen wir einer asketischen Weltkultur entgegen? Wie läßt sich die Frage nach Gott mit dem naturwissenschaftlichen Denken vereinen? – Vielfältige Fragen, die Weizsäcker klar zu beantworten versucht. dtv 1687

Wahrnehmung der Neuzeit

Die Wahrnehmung der Neuzeit und ihrer Krise ist Weizsäckers Hauptanliegen in diesem Band mit Aufsätzen und Vorträgen von 1945 bis heute: »Das Ziel ist, die Neuzeit sehen zu lernen, um womöglich besser in ihr handeln zu können.« dtv 10498

Bewußtseinswandel

Carl Friedrich von Weizsäcker beschäftigt sich in diesen tief durchdachten Aufsätzen mit der zentralen Krise der Menschheit. »Von Weizsäcker tritt auf als ein Prediger, ein Warner vor dem Untergang der Menschheit, einer, der den Quellen der Weisheit ganz nahe sitzt.« (Kurt Kister in der Süddeutschen Zeitung) dtv 11388

Das Carl Friedrich von Weizsäcker Lesebuch

Ein Querschnitt aus dem Gesamtwerk Carl Friedrich von Weizsäckers, einer der herausragendsten Persönlichkeiten der geistigen Kultur Deutschlands. dtv 30305